DEVELOPMENTAL SOCIAL WORK FOR
VULNERABLE CHILDREN

发展性社会工作与困境儿童

刘 菲◎著

知识产权出版社
全国百佳图书出版单位
—北京—

图书在版编目(CIP)数据

发展性社会工作与困境儿童 / 刘菲著. —北京:知识产权出版社,2022.7
ISBN 978-7-5130-8128-3

Ⅰ.①发… Ⅱ.①刘… Ⅲ.①贫困—家庭—儿童—社会服务—研究—中国 Ⅳ.①D632.1

中国版本图书馆 CIP 数据核字(2022)第 065325 号

策划编辑:蔡 虹		责任校对:王 岩	
责任编辑:栾晓航		责任印制:孙婷婷	
封面设计:回归线(北京)文化传媒有限公司			

发展性社会工作与困境儿童

刘 菲 著

出版发行:知识产权出版社 有限责任公司		网　址:http://www.ipph.cn	
社　址:北京市海淀区气象路 50 号院		邮　编:100081	
责编电话:010-82000860 转 8324		责编邮箱:caihongbj@163.com	
发行电话:010-82000860 转 8101/8102		发行传真:010-82000893/82005070/82000270	
印　刷:北京建宏印刷有限公司		经　销:新华书店、各大网上书店及相关专业书店	
开　本:720mm×1000mm　1/16		印　张:10.75	
版　次:2022 年 7 月第 1 版		印　次:2022 年 7 月第 1 次印刷	
字　数:133 千字		定　价:58.00 元	
ISBN 978-7-5130-8128-3			

出版权专有　侵权必究
如有印装质量问题,本社负责调换。

前　言

　　每每谈及写作缘起，最先想到的总是多年前几则有关困境儿童的媒体报道以及当时的点滴思考，比如看到韩群凤杀子案（华声在线，2011）❶时所想到的教养能力不足与护理等辅助人员聘请难等问题；毕节的两次儿童身亡事件（新华网，2012）❷（凤凰网，2015）❸中所暴露的家庭监护、照顾不力，仅仅关注儿童衣食，而不关注孩子心理发展等问题；还有在袁厉害非法收养案（大河网，2013）❹中所感受到的"善心善行酿恶果"与"科学的助人观念"；以及因南京饿死女童案（人民网，2013）❺所产生的国家监护介入时机与程度方面的思索。加之一直从事的儿童相关服务过

---

❶ 2011年5月19日网易新闻（163.com）报导说，"韩群凤是东莞一对双胞胎脑瘫儿的母亲。去年11月（2010年11月20日），在耐心抚养双胞胎脑瘫儿13年后，她最终崩溃，在自家浴缸溺毙两个儿子后，自杀未遂"。

❷ 2012年11月18日，中国新闻网（chinanews.com）报导称，"11月16日，5名男孩被发现死于毕节市七星关区街头垃圾箱内，经当地公安部门初步调查，5名男孩是因在垃圾箱内生火取暖导致一氧化碳中毒而死亡"。

❸ 2015年6月11日凤凰网（ifeng.com）以《绝望的童年——毕节4留守儿童喝农药身亡》为专题收集了"毕节4名留守儿童在家中喝农药中毒，经抢救无效死亡。年龄最小的5岁，最大的13岁"系列相关报导。

❹ 2013年1月5日新浪新闻（sina.com.cn）转载大河网《兰考通报火灾处置情况称今年将建社会福利中心》一文，文中"1987年，袁厉害开始在县人民医院门口摆地摊，因常在医院出入，发现被遗弃的婴儿经常抱到自己家中养育。多年来，她累计收养弃婴数十名"。该新闻中还提及，"她不完全具备收养条件。但是，考虑其行为是一种……的爱心行动，在这种情况下，我们默许了这种行为，但考虑到国家政策的有关规定，我们也采取了一些积极有效的措施。"

❺ 2013年9月18日，人民网（people.com.cn）刊载《专家谈南京饿死女童案：应剥夺被告人监护权》一文，"2013年6月21日，南京江宁两名幼女被人发现饿死家中，国人震惊。9月18日上午9时，南京市中级人民法院将公开审理此案"。

程又总是充满思索与徘徊,所以希望在相关理论上进行完善,探讨政策改进空间,找出适切的方法与思路。

发展性社会工作(Developmental Social Work)起源于南方世界(发展中国家)对传统社会工作方法的反思与颠覆,根植于实践,吸收及融合各家理论精髓,聚焦于社会层面,强调人与社会的关系,是社会工作的"社会发展"取向(approach)。如同一般的社会工作,用于临床社会工作和社区组织和政策立法等各方面,其关键特质在于将投资策略运用在专业的实务中。发展性社会工作不仅强调服务对象自身力量和赋权增能的重要性,而且要求社会工作者对其服务对象提供实质性的社会投资,以提高受助对象的能力,并促使他们参与社区生活和生产性经济活动;除了强调社会投资外,发展性社会工作非常重视以社区为本的实务干预,同时尽量不采用安置措施,以免将遭遇困难的服务对象与社区隔离;另外发展性社会工作强调参与的重要性,并重视服务对象参与、自决与视野拓展,这也是另一些重要特质。而笔者与发展性社会工作产生交集之动因应该是出于处理小慧案例时的无力感。目前实践探索有所成则得益于在台湾地区的求学经历,其时母校多位教授对此颇有研究且不惜心血,笔者亦倾力于斯求不负教导,同时这也算是个人成长与社会发展的些许互动。

近些年关于困境儿童之研究异常火热,但大多或局限于宏观政策分析,或局限于某类困境儿童现状的探讨,所以笔者希望通过引入发展性社会工作这一方法,探讨其介入困境儿童的可行性,以及其实施效果,为困境儿童服务提供新思路,尝试构建一个基于社区、结合家庭的困境儿童服务体系。具体分为:(1)进行理论构建,讨论发展性社工的理念、方法与当前困境儿童保障政策的契合度,分析其中异同,讨论出政策上的可行性;根据发展性社会工作的理念、方法,结合困境儿童具体需求,构建发展性社工服务困境儿童的体系,讨论出组织架构上的可行性。(2)通过实践构建，分析具体实务过程，探讨个体的能力、资产、关系，家庭之人力、社会资本、创业就业、资产积累，社区的整体经验提升、社会融入等发展性社会工作具体方法的优点与不足，以及服务对象的接纳程度，进一步讨论出技术上的可行性。

CONTENTS

目 录

第一章 绪论 ··· 1

　第一节 困境儿童定义与变迁 ····························· 1
　　一、国外困境儿童相关概念 ····························· 1
　　二、我国困境儿童范畴变迁 ····························· 4
　　三、概念界定与问题提出 ······························· 8

　第二节 已有的研究基础 ··································· 9
　　一、国外关于困境儿童的研究 ··························· 9
　　二、困境儿童分类与保护研究 ·························· 11
　　三、困境儿童保障与服务研究 ·························· 14

　第三节 研究思路与方法 ·································· 17
　　一、研究目的与意义 ·································· 17
　　二、研究思路 ·· 19
　　三、研究过程 ·· 22
　　四、研究伦理 ·· 25

第二章 发展性社会工作 ···································· 27

　第一节 发展性社会工作研究概述 ······················· 27
　　一、发展性社会工作的发展渊源 ························ 27
　　二、发展性社会工作的假设与观点 ······················ 29
　　三、发展性社会工作的实务板块 ························ 35

　第二节 介入困境儿童的理论探索 ······················· 41

一、介入困境儿童的既往研究 …………………………… 41
　　二、介入困境儿童的分析框架 …………………………… 44
第三节　介入困境儿童的实务模型 …………………………… 49
　　一、实务面向与架构 ……………………………………… 49
　　二、具体实务方法 ………………………………………… 52

第三章　需求分析与服务建构 ………………………………… 57
　第一节　困境儿童需求分析 …………………………………… 57
　　一、困境儿童需求的研究概述 …………………………… 57
　　二、规范性需求 …………………………………………… 58
　　三、自觉性需求与比较性需求 …………………………… 64
　　四、表达性需求与社会舆论 ……………………………… 67
　第二节　政策覆盖与需求回应 ………………………………… 68
　　一、政策覆盖与变迁 ……………………………………… 68
　　二、一般需求与政策回应 ………………………………… 75
　　三、个别化需求与政策发展 ……………………………… 83
　第三节　发展性社会工作与政策传递 ………………………… 85
　　一、发展性社会工作与多元整合 ………………………… 85
　　二、发展性社会工作与专业伙伴 ………………………… 88
　　三、发展性社会工作与环境成长 ………………………… 90

第四章　困境儿童个案分析 …………………………………… 93
　第一节　个案介绍 ……………………………………………… 93
　　一、渴望关爱的小孙 ……………………………………… 93
　　二、孤苦无依的小慧 ……………………………………… 95
　　三、懵懂快乐的小晋 ……………………………………… 97
　　四、卧床许久的阿毛 ……………………………………… 99
　第二节　个案评估与分析 ……………………………………… 102
　　一、基于传统的分析 ……………………………………… 102
　　二、基于发展性的优势分析 ……………………………… 112

三、基于发展性的资产分析 ·············· 119
　　四、基于发展性的关系分析 ·············· 124
　第三节　介入与讨论 ················· 129
　　一、传统与发展性相结合的介入 ············ 129
　　二、注重人力资本的发展性介入 ············ 132
　　三、迫于无奈的发展性介入 ·············· 134
　　四、注重社会资本的发展性介入 ············ 136

第五章　讨论与建议 ··················· 139
　第一节　研究结果 ·················· 139
　　一、发展性社会工作与困境儿童政策的契合 ········ 139
　　二、发展性社会工作对困境儿童需求的响应 ········ 141
　　三、发展性社会工作的服务递送与服务对象接纳情况 ··· 143
　第二节　研究限制与建议 ··············· 145
　　一、研究限制 ···················· 145
　　二、建议 ······················ 146
　第三节　结语 ···················· 147

参考文献 ······················· 149

第一章 绪论

第一节 困境儿童定义与变迁

一、国外困境儿童相关概念

困境儿童作为"children in difficult""children at risks""vulnerable children"等儿童的集合,在发达国家似乎没有刻意进行归类,例如同样从"补缺"迈向"普惠"的日本,在"补缺"期间就用各个独立的法条将困境儿童定义内的各类儿童作为"缺"而"补"完了。但由于全球经济发展不平衡、存在南北差异等,在联合国的相关概念中才需要将儿童进行分类定义,视经济情况呼吁相应国家关注"in difficult""in very difficult"甚至"in exceptionally difficult"。

(一)联合国关于"困境儿童"的表述

在西方儿童社会福利政策中多次使用不同的英文提出或界定困境儿童。例如,《儿童权利公约》(United Nations General Assemldy,1989)指出世界各国都有生活在极端困难情况下的儿童(children living in exceptionally difficult conditions);《儿童生存、保护和发展世界宣言》中规定应该给予处境非常困难的儿童(children in very difficult circumstances)更多的关心、照顾和支持,努力改善生活在特殊困难环境中的儿童(children who live under especially difficult circumstances）的命运（United Nations，1990）；《适合儿童成长的世界》使用了多种表达来指代困境儿童：有特殊需要的儿童（children with special needs）、最为脆弱的儿童（the most vulnerable children）、生活在特别困难处境中的儿童（children live under especially difficult circumstances）、生活在不利社会处境中的儿童（children living in disadvantaged social situations）、处于危境中的儿童（children at risk）、最需要帮助的儿童（children in greatest need）等（United Nations General Assembly，2002）；《2011年世界儿童状况报告》中出现"乌克兰为困境儿童建立保护性的环境（establishing a protective environment for vulnerable children）"（UNICEF[1]，2011）的表述。尽管上述政策和文献中关于困境儿童的各种表述不尽相同，但都将处于困境中的儿童视作儿童中的弱势群体，即弱势儿童群体（vulnerable children）。

（二）英国有关"困境儿童"的表述

英国政府在2004年根据拉明勋爵在维多利亚·克林比调查中提出的建议，依照其《儿童法》设立了"英国儿童事务专员"（Children's Commissioner，2021），虽然该组织仅仅是英国政府关于儿童保护与服务的一部分，但是作为被写进其《儿童法（2004）》《儿童与家庭法（2014）》并位列关键部分的机构，可见其法律地位的重要以及其工作内容所具有的代表性。浏览其网站可以发现，该组织主要工作方向包括：①关注司法体系内/被拘留的儿童数量与所处环境等（Behind closed doors）；②关注康复与照料体系内儿童数量与所处环境等（Children in care）；③关注儿童所处的数字与网络环境（Digital）；④关注儿童所处的教育环境（Education）；⑤关注儿童的心理健康和福利环境等（Mental health and wellbeing）；⑥关注儿童的脆弱性与政策漏洞等（Vulnerable children）；

---

[1] 联合国儿童基金会。

⑦关注特殊公共事件中的儿童（Coronavirus, children and you）；⑧关于困境儿童（children at risk）的数据库（CHLDRN❶-Local and national data on childhood vulnerability）。其中除了"数字环境（Digital）""教育环境（Education）""冠状病毒影响下的儿童与您（Coronavirus, children and you）"以及"CHLDRN"几个面向社会大环境层面的概念外，其他的几点，与后文所列举的我国困境儿童意涵有非常大的交集，但是在侧重点上又有所不同。主要表现在其将"困境（Vulnerable）"作为环境看待，与其他几类儿童如"被关在门后（Behind closed doors）"的失足青少年是并列的。

（三）日本有关"困境儿童"的表述

日本为应对"二战"后的大量失依儿童于1947年订颁《儿童福利法》，其后逐步出台类似《战祸孤儿等保护的对策要纲》《有关实施流浪儿童及其他儿童保护等的紧急措施》《儿童福利设施最低标准》《儿童宪章》《儿童抚养津贴法》《母子福利法》《高度精神薄弱儿童抚养津贴法》《母子保健法》《儿童津贴法》《母子与寡妇福利法》等法律（刘璐瑶，2018）；同时日本作为一个东方国家，一向重视家庭伦理（如："三岁儿神话"，杨爽，2021），其福利政策基本上以"家庭"为取向，强调家庭在照顾儿童上的责任（林胜义，2002）。综上基本可以看出一个"补缺型"社会福利体系种种法律分别针对出现问题的不同儿童，协助其家庭完成对儿童的抚育，但并未建立一个类似"困境儿童"的整合性概念。日本自1998年提出建立"普惠型"的儿童福利制度改革后，出台《关于今后育儿支援政策的基本方向》《儿童自立支援手册》《儿童虐待防止法》《少子化社会对策基本法》《培育下一代支援对策促进法》《育儿援助计划》《母子家庭等自立支援对策大纲》等政策（刘璐瑶，2018），转向以家庭为中心，个人自立为导向的儒家

---

❶ CHLDRN 的全称是：Childhood Local Data on Risks and Needs。

文化下的保守福利制度（袁书华，2021）。而这种"自立"导向，与本书的发展性理念恰好又有较大交集。

二、我国困境儿童范畴变迁

和世界大多数国家一样，我国困境儿童的概念可以看作"补缺"至"普惠"的一个中间变量。早期的孤儿等福利身份主体则是困境儿童前的超困境儿童（类似"in difficult"前的"in very difficult"范畴）。所以笔者根据我国困境儿童意涵的变迁，将我国儿童政策的变化分为以下四个阶段。

（一）政策萌芽阶段

在改革开放的背景下，需要保护的儿童群体类型比计划经济时代更复杂，补缺型儿童福利政策框架已经不能满足社会需要，因而以社会福利制度建设为目标的儿童福利建设推动了保护困境儿童政策的发展。我国在签署《儿童生存、保护和发展世界宣言》与《执行九十年代儿童生存、保护和发展世界宣言行动计划》（United Nations, 1990）后，逐步开始关注孤残儿童以外的儿童，"困境儿童"定义的前身开始出现（"处于困难条件下的儿童"在语意范畴上与"困境儿童"有大面积的重合，几乎可以看成是困境儿童概念的前身）。1992 年，妇女儿童工作协调委员会在《九十年代中国儿童发展规划纲要》（国务院妇女儿童工作协调委员会，1992）中提出"保护处于困难条件下的儿童"这一策略与措施，具体为：

1. 在城市鼓励建立健全生育社会补偿制度；在有条件的农村推广独生子女、女童家长养老专项保险，逐步消除在生育、就学、从业等方面的性别差异（笔者注：即性别不平等境况下的女童）。

2. 加强对残疾患儿的早期诊断、护理、康复和教育工作。在全国完善四至五个残儿康复人员培训基地，在社区内建立残疾儿童寄托所、聋儿语训中心。采取建特殊教育学校、在普通学校举办特殊教育班和残疾儿童随班就读等方式，使多数适龄残疾儿童接受义务教育。在全社会树立理解、尊重、关心、帮助残疾人的良好道德风尚，继续开展"红领巾助残活动"（笔者注：即残障儿童）。

3. 要特别关注离异家庭的儿童保护和教育，帮助单亲家庭的家长为儿童创设良好的家庭环境。妥善安排流浪儿的生活和教育。重点扶持各省的儿童福利事业单位，使福利有一定的康复医疗设备，并改造全部危房。严重自然灾害发生地的儿童能普遍获得援助（笔者注：即单亲家庭儿童、流浪儿童等）。

4. 对经济不发达地区儿童的生存、保护和发展给予特殊支持。继续实施"希望工程"，帮助家庭经济困难的儿童就学（笔者注：即低收入家庭儿童）。

（二）理论探索阶段

2007年10月17日，民政部相关负责人在接受中国网（china.com.cn）访谈时提出，为了加快社会福利的发展，将推动社会福利模式从"补缺型"向"适度普惠"转变，提出了"处于困境中的儿童"与"面临困境的儿童"两个"困境儿童"的前概念。其具体表述为：

> 对福利事业由于时间的关系我想概括为"一个转变，三个结合"。一个转变就是推进社会福利由补缺型向适度普惠型转变来加快的社会福利事业发展。在这个转变过程中，补缺型的福利针对老年人、残疾人、孤儿，一方面在对象上，我们由特定的服务对象，向全体老年人、残疾人和处于困境中的儿童转变。第二在服务项目和产

品的供给上,要满足他们不同层次的多样化的需求来转变,提高我们的社会福利水平。我们一下达到普惠性还有一定的困难,我们在推进的过程中即要明确目标,同时又要从实际出发,有一个余地。

在中国知网(CNKI. NET)用"困境儿童"进行主题检索,截至2020年底共2057篇文献,且热度大体呈现逐年上升的态势,如图1所示。2007年前后,开始出现大量以困境儿童为关键词,甚至为题的各类文献,主要研究内容涉及适度普惠的儿童福利等方面及对政府政策进行了倡导与建议,并开始对困境儿童的概念进行整理、界定与分类。

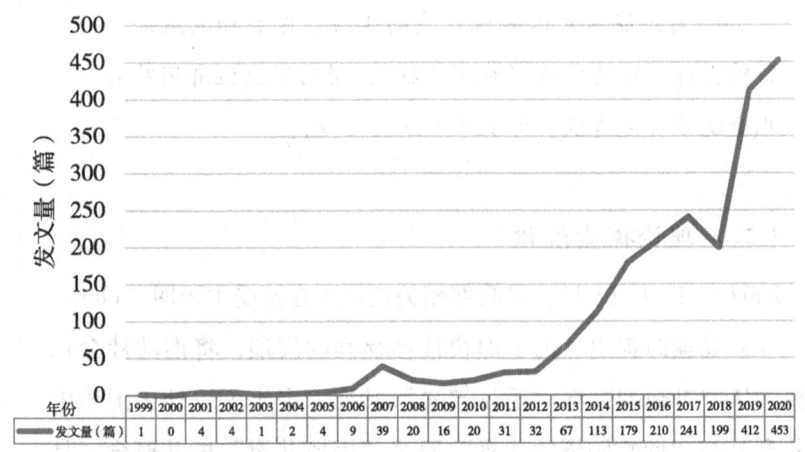

图1 困境儿童相关文献发表年度趋势图❶

(三) 试点实施阶段

2012年7月13日,在民政部发布的《深入贯彻第十三次全国民政会议精神充分发挥民政在社会建设中的骨干作用》一文中指出"要协调出台困境儿童分类保障政策"(民政部,2012);次年

---

❶ 以"困境儿童"为主题词进行"主题"检索,获取"发表年度趋势图",并在筛选年度"1990-2020"后,根据所产生的图片进行重绘。

6月出台的《关于开展适度普惠型儿童福利制度建设试点工作的通知》(民函〔2013〕206号)中将儿童分为孤儿、困境儿童、困境家庭儿童和普通儿童四个层级(民政部,2013);而于2014年出台的《关于进一步开展适度普惠型儿童福利制度建设试点工作的通知》(民函〔2014〕105号)则对前一文件中的分类进行了进一步细化,将困境儿童界定为自身状况存在困境的儿童,分为残疾儿童、重病儿童和流浪儿童三种;将家庭状况存在困境的儿童称为困境家庭儿童,包括父母重度残疾或重病的儿童、父母长期服刑在押或强制戒毒的儿童、父母一方死亡另一方因其他情况无法履行抚养义务和监护职责的儿童、贫困家庭的儿童四类(民政部,2014)。同年的另一份文件《关于开展第二批全国未成年人社会保护试点工作的通知》(民函〔2014〕240号)中,提出了困境未成年人(未成年人定义为未满十八周岁的公民,儿童定义为十八周岁以下的任何人,范围基本相同)这一概念,并于2015年界定为"因监护人服刑、吸毒、重病重残等原因事实上无人抚养的未成年人,遭受家庭暴力、虐待、遗弃等侵害的未成年人,缺乏有效关爱的留守流动未成年人,因家庭贫困难以顺利成长的未成年人,以及自身遭遇重病重残等特殊困难的未成年人"(民政部,2015)。

综上几个文件,困境儿童的概念和定义大都以分类、枚举的形式展现,基本明确了困境儿童的定义,地方政府文件也大多以此为基础进一步进行界定与延伸,延伸的内容包括"其他需要帮助的儿童"(江苏省人民政府,2015)、"部分农村留守儿童"(北京市政府,2016)等。也就是说,2012年下半年至2016年[1]属困境儿童政策试点实施阶段。

(四)总结完善阶段

2016年2月民政部设立未成年人(留守儿童)保护处,是民

---

[1] 本处以《国务院关于加强困境儿童保障工作的意见》(国发〔2016〕36号)为标志,笔者认为如果以民政部设立儿童福利司的2019年划分也比较合适。

政部首次就未成年人保护工作设立专门业务处（民政部，2016），同年6月13日发布的《国务院关于加强困境儿童保障工作的意见》（国发〔2016〕36号）明确了以促进困境儿童全面发展为出发点和落脚点，要求加快形成家庭尽责、政府主导、社会参与的困境儿童保障工作格局，建立健全困境儿童分类保障制度，使困境儿童服务体系更加完善（国务院，2016）。2019年1月25日，在民政部召开的新闻发布会上王金华司长表示，设立儿童福利司，是"具有里程碑意义的重大事件"（中新社，2019）。同年4月，民政部等10部门联合印发《关于进一步健全农村留守儿童和困境儿童关爱服务体系的意见》（民发〔2019〕34号），明确了未成年人救助保护机构、儿童督导员、儿童主任三者的工作职责，更是大篇幅的明确了鼓励和引导社会力量广泛参与健全农村留守儿童和困境儿童关爱服务体系（民政部，2019）。

三、概念界定与问题提出

困境儿童相关概念无论在我国抑或西方都已经有了一定的历史，并随着时间推移，概念和定义日渐形成较为清晰的共识，其覆盖范围也越来越契合儿童需要，更有利于普惠型社会福利政策的实施。目前中央政府对困境儿童的定义为枚举式，在《国务院关于加强困境儿童保障工作的意见》（国发〔2016〕36号）中表述为："因家庭贫困导致生活、就医、就学等困难的儿童，因自身残疾导致康复、照料、护理和社会融入等困难的儿童，以及因家庭监护缺失或监护不当遭受虐待、遗弃、意外伤害、不法侵害等导致人身安全受到威胁或侵害的儿童"（国务院，2016）。随着时间推移，地方政府所提出的定义似乎更简单明了，例如扬州市将困境儿童定义为"不满18周岁，因自身和家庭原因而陷入生存、发展和安全困境，需要政府和社会予以关心帮助的儿童"（扬州市民政局，2021），其他一些城市也大体上类似，部分也会存在户籍限制❶。综上，笔者认为困境儿童的概念是一个关于"陷入困境（in difficult）"与"有风险需帮助（at risks and need）"的集合，英文中"vulnerable children"的范畴也就相对更贴合国内困境儿童的概念。

我国目前困境儿童相关社会福利政策正快速发展，丰富福利供给类型和提高福利提供水准成为政策的主流。但经济社会发展差异、困境类型多元繁杂，使得困境儿童相关服务充满挑战。从国家政策层面开始对困境儿童的问题进行关注，到理论与实践上的探索与完善，再到2013年以来的全面开展实施过程中，社会工作作为有力的补充，发挥了一定的作用，但还存在着种种不足。在社会工作参与社会治理的背景下，引入发展性社会工作相关理论并进行实务探索有利于我国社会工作专业和实务的发展，并进一步更好地服务于困境儿童。接下来笔者将首先探讨发展性社会工作与困境儿童相关政策的契合度，介绍一种基于家庭、结合社区的整合性服务体系；其次分析发展性社会工作介入困境儿童救助的过程，介绍一套发展性社会工作在困境儿童服务领域的具体实务模型与其实现步骤；最后，笔者通过与服务对象及其家庭合作讨论了发展性社会工作在困境儿童服务中应用的有效性及适应性，并进一步展望了发展性社会工作在相对贫困等方面的应用可能。

第二节 已有的研究基础

一、国外关于困境儿童的研究

国外对困境儿童领域的研究是建立在西方拥有较为完整的儿童社会福利体系之上开展的，重点集中于对现有儿童福利制度与政策

---

❶ 例如在泰政办发〔2020〕44号文中"指户籍在本市且年龄不满18周岁，因自身和家庭原因而陷入安全、生存和发展困境，需要政府和社会予以关心帮助的儿童。"

的评价和反思,并且通过政府与其他提供主体尤其是社会组织的合作,寻求效率和公平的平衡。世界儿童福利制度经历了社会救助、教养取向发展、社会保护和社会参与式整合模式的演变脉络,反映出欧美发达国家儿童福利历史的发展轨迹(金红磊,2021)。

以 vulnerable children 为关键词,相关的研究发现:受多重风险因素影响如少数族裔、母亲较低的受教育水准、母亲较差的精神健康状况、单亲家庭等,困境儿童对医疗保健服务的需要最强烈,但在获得初级保健服务方面却面临最大的困难(Stevens 等,2006)。通过对1999—2001年美国医疗支出追踪调查资料进行分析,发现患慢性病儿童、少数族裔儿童、贫困儿童三种困境儿童群体不同程度地缺乏健康保险或健康保险覆盖水准低,家庭经济状况和母亲的受教育程度对儿童享有健康保险状况影响很大(Satchell 等,2005)。通过对遭受虐待的和面临虐待风险的儿童及其照顾者进行跨年度的调研,检视影响对儿童精神健康服务需要和使用状况的家庭因素,发现脆弱的家庭因素包括家庭功能运行状况较差、接受社会支援、照顾者的心理压力等因素,这些因素预示儿童存在精神健康服务需要,且这些需要并没有得到满足(Thompson 等,2006)。

另外,一些研究发现基于资产的方法(asset-based approach)为支持困境儿童教育实践的可持续性提供了一种理论框架。学校作为支援和照顾困境儿童的节点,可以成为社区与服务提供者的交汇点:一方面,社会发展服务、健康服务和非政府组织可以通过学校接触到困境儿童、他们的家庭和社区,进而也使社区受益;另一方面,基于资产的方法也鼓励社区为困境儿童提供服务(Ebersohn 等,2006)。

还有一些研究通过对困境儿童群体进行深度访谈、焦点小组调研,主要探讨两个问题:面向困境儿童所提供的服务实践哪些是有效的;困境儿童对服务提供者及其服务的评价如何影响政策的发展(Aubrey 等,2006)。

二、困境儿童分类与保护研究

(一) 困境儿童分类

由前文可知，官方文件在对困境儿童进行定义的同时，也进行了相应的分类，大体可以认为其从个体、社会家庭等方面将"困境儿童"归类为显性与隐性型困境儿童，显性型困境儿童包括"困境儿童"与"困境家庭儿童"，即"流浪儿童、残疾儿童、患重病或罕见病的儿童、事实无人抚养的儿童等"；隐性型困境儿童是指在社会生活中存在现实困境的儿童，包括"刑满释放儿童、受虐待儿童等"（许涛，2015）。但是目前学术界与政府部门关于困境儿童的外延分类并未统一，学术界更多地从困境儿童各内部群体的特征进行梳理与解读，比较具有代表性的为尚晓援、虞婕（2014）的文章《建构"困境儿童"的概念体系》、行红芳（2014）的文章《困境儿童分类保障制度建构路径探析》，围绕困境儿童的特征进行了系统的划分，实现了操作性强的理论划分。行红芳的文章主要是对尚晓援、虞婕研究的困境成因进行了进一步的细化，他们将困境儿童分为三级概念：一级概念为困境儿童，二级概念将困境儿童具体划分为三种类型（社会型、生理型与多重型），三级概念主要是对以上三种类型的具体解释。这种体系的建立有利于人们及时发现最为困难的群体，例如生理型困境儿童与社会型困境儿童相比较，除了需要一般性资金的援助外还需要康复、治疗等额外的照顾。

(二) 困境儿童保护主体

困境儿童群体因其自身的异质性，造成其福利需要在类型和层次上呈现出多元化，需要构建多元化的福利政策和服务。陆士桢、王蕾提出建立并完善多元化的弱势儿童福利供给体系，具体指以家庭为基础、以基层社区组织为依托、以儿童福利组织为补充的福利服务供给网络（陆士桢、王蕾，2013）。行红芳指出，构建困境儿童福利体系应在福利提供主体、福利提供内容和福利传递方式三个方面实现从一元到多元的转化（行红芳，2014）。通过对困境儿童群体中流浪儿童救助服务的探讨，冯元、彭华民指出，流浪儿童救助服务创新应构建包括政府、市场、社区、社会组织的多元责任主体，建立多元的救助服务体系（即多元提供主体）（冯元，2013）。此外，对国家、家庭、第三部门等不同福利责任主体各自责任边界及其相互间关系的讨论，一直是社会福利政策研究中充满争议的话题，也是困境儿童福利研究中的重点和难点，仍需进一步深化。

（三）高风险家庭对困境儿童的启示

在我国台湾地区，有一种类似于困境儿童的概念（更类似于早期困境儿童概念下的困境家庭儿童）——高风险家庭。根据《高风险家庭关怀辅导处遇实施计划》中的"高风险家庭评估表（2009年11月修订）"可知，高风险家庭包括：①家庭成员关系紊乱或家庭冲突，如家中成人时常剧烈争吵、无婚姻关系带年幼子女与人同居、频换同居人，或同居人有从事特种行业、药酒瘾、精神疾病、犯罪前科等；②儿童少年父母或主要照顾者从事特种行业或罹患精神疾病、酒瘾药瘾并未就医或持续就医；③家中成员曾有自杀倾向或自杀记录；④因贫困、单亲、隔代教养、父母未婚或未成年生子等其他不利因素；⑤非自愿性失业或重复失业：负担家计者遭裁员、资遣、强迫退休、负债等；⑥负担家计者死亡、出走、重病、入狱服刑等；⑦其他情况等。另《高风险家庭服务策略与处遇模式之研究》一文中将高风险家庭定义为"家庭因各种社会因素、家庭因素、主要照顾者因素或儿童少年个体因素等风险与影响，使家庭功能无法继续或维持正常运作，致可能对儿童人身安全、就养和就学权益，以及正常身心社会发展产生危害或威胁之虞，以及亦可能危害或威胁其他家庭成员的身心发展。其中的社会因素如失业、贫困、社交孤立等；家庭因素如父母婚姻不和谐、离婚、亲子冲突、债/财务危机、家中成员有自杀企图或记录等；主要照顾者因素如缺乏教养能力和技巧、身心障碍、患有重病等，儿童少年个体因素则有情绪/学习困扰、旷课、不服管教等"（宋丽玉、施教裕，2005）。

综上并结合前文对比如表1可知：在相似点方面，困境儿童与高风险家庭两者背后的价值理念大体吻合，都关注儿童的"境"，列出各种危险情况，从而使得符合情境的儿童得到相应的保护与成长；同时在关注点来看，两者的分类指标除表述外，内涵也基本相同。而在相异点方面，首先在于大陆将自身遭遇重病重残的儿童纳入困境儿童中，这一点在台湾地区立足高风险家庭的概念中没有被纳入；另外由于种种原因，台湾地区社会较为复杂，所以在高风险家庭中列入了"频换同居人""负担家计者遭……强迫退休""家中成员……自杀记录"等大陆罕见的现象。

表1 困境儿童与高风险家庭内涵比较

	大陆标准	台湾地区标准
相似点	• 因家庭贫困难以顺利成长 • 监护人重病 • 缺乏有效关爱留守、流动 • 因监护人服刑、吸毒、重病重残等原因事实上无人抚养	• 贫困 • 儿童，少年的父母或主要照顾者从事特种行业或罹患精神疾病、酒瘾药瘾并未就医或持续就医 • 因贫困、单亲、隔代教养、父母未婚或未成年生子等其他不利因素 • 负担家计者死亡、出走、重病、入狱服刑等
相异点	• 遭受家庭暴力、虐待、遗弃等侵害 • 自身遭遇重病重残等特殊困难的未成年人	• 家庭成员关系紊乱或家庭冲突：如家中成人时常剧烈争吵、无婚姻关系带年幼子女与人同居、频换同居人，或同居人有从事特种行业、药酒瘾、精神疾病、犯罪前科等 • 非自愿性失业或重复失业：负担家计者遭裁员、资遣、强迫退休、负债等 • 家中成员曾有自杀倾向或自杀记录

三、困境儿童保障与服务研究

（一）高风险家庭服务内容

根据《高风险家庭关怀辅导处遇实施计划期末评估报告》中针对台湾地区中部县市苗栗、南投、台中、彰化地区七个机构进行研究，各单位的服务内容以个人和家庭为主，以及资源转介，内涵包含咨询辅导、亲职教育、成长团体、幼儿临托、喘息服务和儿童课业辅导等。《高风险家庭服务策略与处遇模式之研究：成果报告》中，其针对接受委托执行"高风险家庭关怀辅导处遇计划"的十三个单位进行研究，并对其中十二个单位（屏东县儿童少年关怀协会、高雄儿童福利联盟、台南县家扶基金会、嘉义市家庭关怀协会等）进行高风险家庭服务内容（宋丽玉，2006）的归类，如表2所示。

表2 高风险家庭服务内容

服务内涵	主要类型	服务内容
一般性服务	1. 电话访视	追踪执行进度
	2. 家庭访视	确认家庭情况
		家庭评估
	3. 学校访视	获得相关资源
		了解就学情况
方案类服务	1. 家庭增能服务	喘息服务
		亲职教育
	2. 咨询服务	个别心理咨询与辅导
	3. 资源转介	经济方面
		就业方面
		医疗方面
		法律方面

（根据宋丽玉的成果报告整理）

近年来，我国台湾地区更进一步提出了"社会安全网"的计划，将介入焦点由"以个人为中心"转变成"以家庭为中心"，强化或新建社会福利服务中心整合社会救助与福利服务来实现。

（二）传统困境儿童服务内容

1. 生活基本保障措施

对困境儿童基本生活的物质支持与关照，主要以政府为主导，内容包括困境家庭的生活保障金、过渡性救助政策等。例如在2016年6月13日北京市民政局社会福利管理处出台文件《关于建立北京市困境儿童分类保障制度的意见》，规定了困境儿童监护质量的基本要求，较全面地保障了困境儿童的基本生活，"规定了福利机构孤儿的基本生活费为2000元/月（单一类型困境儿童）；规定了事实无人抚养儿童的基本生活费为1800元/月（单一类型困境儿童）"（北京市民政局社会福利管理处，2016）。

2. 康复医疗保障措施

这类保障主要针对生理性困境儿童，对具有重大疾病、罕见疾病等儿童给予医疗支持与救助，对残疾儿童给予医疗照顾与保障。前文中北京市相关规定如下：

> 对困难家庭的大病或重残儿童给予叠加生活费用，在生活费用上享受重病残疾基本救助外按事实孤儿生活费用的40%进行叠加；在困境儿童的康复医疗具体保障上，规定了福利机构孤儿与事实无人抚养的具体保障范围，残疾儿童分类型、级别的护理补贴标准，"为0~3岁"困境儿童家庭建立意外伤害、大病医疗保险制度（困境家庭可自愿参加）。

3. 教育培训保障措施

在教育政策上给予困境儿童必要的保障。在困境儿童的教育培训上，实施机构内进行特殊教育，机构外进行统一安排。对社会性困境儿童采取全纳教育方式，给予家庭与个人一定的资金保障，帮助其回归家庭与学校接受正常的教育；对于生理性困境儿童注重以机构为主导的融合式教育，如残疾人的手工制作、乐器教授等职业方向的专项培训。

4. 成长发展保障措施

保障困境儿童的健康成长，国内外主要采取对困境儿童进行替代性的安置办法，包括孤儿/事实孤儿的收养、家庭性的寄养与院舍性的安置等，目前国外在该方面有一定经验，民政部下属部分单位，如中国儿童福利与收养中心也从国情出发进行了有益的探索。

（三）其他探索与小结

目前困境儿童标准更侧重于儿童自身的问题，更为直接，同时在政策落实过程中，地方各级政府机关会对相关标准进行进一步的细化或更符合地方特点的本地化解读。传统的保障措施基本也是以行政政策保障为主导，主要通过经济资助的形式保障困境儿童的基本生活与康复医疗；教育培训保障方面也主要是配合义务教育政策的实施，鼓励儿童回归学校教育，部分结合特教体系对生理困境儿童进行融合式教育；而成长性发展保障的替代性安置尚处于探索阶段，也从文献的角度说明了本项研究的意义。

就如同我国台湾地区"高风险家庭"的相关服务逐步发展成"社会安全网"一样，我国其他地区也有类似探索，如十堰市的《关于依托社会工作站建设加快推进未成年人保护工作站建设的通知》，就是将困境儿童服务以未成年人保护工作站的形式整合进乡镇社会工作站（十堰市民政局，2021）。在《泰州市困境儿童分类保障和关爱服务办法》新闻发布会上封局长所介绍的"五是成长关爱服务。将困境儿童保障由'保生活'拓展为'保发展',明确通过政府购买服务方式,引入专业社会组织,为儿童提供心理抚慰、精神关爱等专业服务,努力培养儿童健康的心理和健全的人格。建立一名困境儿童由一名儿童主任、一名专业社会工作、一名教师妈妈、一名法援律师、一名签约医生、一名志愿者组成的'六个一'成长护航小组对口负责的机制,跟踪开展成长关爱服务,帮助链接有效资源。"(泰州市政府新闻办,2020)

第三节 研究思路与方法

一、研究目的与意义

(一)研究目的

目前关于困境儿童的研究异常火热,但是笔者也注意到大多研究或者局限于宏观政策分析,或者局限于某类困境儿童现状的探讨。所以笔者希望通过引入发展性社会工作这一方法,探讨其介入困境儿童的可行性,以及其实施效果,为困境儿童服务提供新思路,即开发出一套基于社区、结合家庭的困境儿童服务体系。针对以上问题,本研究的目的首先可以定位为困境儿童及其家庭对发展性社会工作介入的接纳程度,其次可以扩展为发展性社会工作介入困境儿童成效的显著程度,最后可以探讨发展性社会工作对困境儿童分类保障政策的影响程度,具体如下:

1. 理论构建

(1)讨论发展性社会工作的理念、方法与当前困境儿童保障政策的契合度,分析其中异同,讨论出政策上的可行性。

(2)根据发展性社会工作的理念、方法,结合困境儿童具体需求,构建发展性社会工作服务困境儿童的体系,讨论出组织架构上的可行性。

2. 实践构建

通过具体实务过程分析，探讨个体的能力、资产、关系，家庭的人力、社会资本、创业就业、资产积累，社区的整体经验提升、社会融入等发展性社会工作具体方法的优点与不足以及服务对象的接纳程度，进一步讨论出技术上的可行性。

（二）研究意义

1. 现实意义

从20世纪90年代开始，我国在加入联合国相关国际公约之后，就困境儿童保障的相关事宜予以强烈的政策关注。从前文可知，困境儿童分类保障政策一直随着地区社会及经济的发展状况、困境儿童及其家庭情况的演变而进行调整与改变。依照政策指向，利用政策资源进行工作设计与实施，是社会工作者最基本的素养之一，行政政策的调整与改变直接影响着社会工作研究者与执行者在此方面的工作。本次研究对困境儿童分类保障相关政策内涵的分析与解读，是将理论落地于实践的基础上。狭义上的分析是此次研究实践的政策保障；广义上的解读可对情况相近似的地区相关研究或实践起到一定的引领指向作用，期待此次研究及相关研究与实践可依托政策优势，少走弯路，取得更广泛的认可与支持。

依据国家第六次人口普查数据显示，0~14岁人口占总人口的16.60%，依照联合国定义标准（0~18岁）的儿童数字则更为庞大。仅依据第六次普查数据显示，困境儿童数量已达百万之多。在社会由快速发展向中低速发展转型的现今时期，社会问题日益凸显，困境儿童问题作为社会问题的一部分，引进先进理论构建指导实践工作顺利展开，对问题的解决将起到探索与示范性的作用。

另外，依照发展性社会工作的特点，本研究将充分发掘困境儿童个体的能力、资产、关系，家庭的人力、社会资本、创业就业、资产积累、社区的整体经验的提升、社会融入等特点，将研究过程与实践过程紧密连接，并带动多方力量，解决研究对象的实际问题。

2. 理论意义

理论研究的最终归宿是指导实践工作，在现有理论研究中，部分学者在解决困境儿童问题方面仍然是宏观的、政策性的，多在着力建设社会福利体系或儿童福利体系，鲜有从社会工作实务视角介入困境儿童，提供专业服务的内容。可行性研究既是对社会工作理论落实于实践工作中的具体方式、方法、路径的探索，也是理论自我完善与健全必经的过程。分析发展性社会工作与困境儿童保障政策的契合度，探索发展性社会工作服务困境儿童体系构建的内容与方法，都是对发展性社会工作理论体系的添砖加瓦、修葺完善。

理论的可行性研究还可以对现实问题的起源和因果进行全面的剖析，帮助政府及社会大众、专家学者，更清楚明白地知晓困境儿童的真正归因，从而明确权责，正向引导实践工作与社会舆论的导向。

本书力求从专业视角对困境儿童存在的问题进行分析，笔者运用专业的方法和技巧对困境儿童救助提出自己的意见和见解。希望探索出一条适合我国本土文化，具有可行性的困境儿童服务路径，能够丰富困境儿童服务的研究理论。

二、研究思路

（一）思路概述

本研究主要采取质化研究的方法，原始资料和次级资料相互引证，采用深度访谈和问卷收集相关资料。访谈、观察与档案资料，被视为质性研究的主要资料来源（潘淑满，2003）。深度访谈所涉及的问题可以分为描绘内容（content mapping）的问题与挖掘内容（content mining）的问题，所谓描绘内容的问题是设计来开拓研究范围以及指出跟受访者相关的范围或议题；挖掘内容的问题是设计来探讨存在于每一个范围内的细节，以取得该细节对受访者的意义，并从受访者的观点中产生深入的了解（Legard 等，2008）。在实地调研的开展和资料的收集过程中，把研究方法分为资料收集和资料分析两个阶段。资料收集包括次级资料收集和访谈、观察等原始资料收集；资料分析包括历史文献研究法、扎根理论研究法、个案分析法等。

历史文献研究法：历史文献研究法又称次级资料研究法，通过搜集、分析和研究现存的有关文献资料，并从中选取有用信息，达到某种调查研究目的的方法。首先，本研究通过汇总关于困境儿童的研究进展，为本研究的开展提供了视角方面的创新；其次，在文章的具体研究方面，文献给本文的研究提供了相关理论基础和理论研究工具；最后，对社区的介绍、描述和发展资料也都采取了文献研究的方法。

扎根理论研究法：扎根理论研究法是由 Glasser 和 Strauss 两位学者共同发展出来的一种研究方法，运用系统化的程序，针对某一现象来发展并归纳式地引导出扎根的理论的一种研究方法。首先，本研究针对社区干部展开深度访谈，主要了解社区基本情况、发展过程、未来规划等宏观状况，形成逐字稿后进行编码归纳；其次，结合个案过程，深入了解研究对象（服务对象）的主客观情况，进行系统化分析，其中涉及到家庭的资产收入和支出状况、劳动力情况和教育程度、亲密网络关系和社区组织参与状况等；最后，针对民政、教育等相关机构的工作人员进行访谈，讨论目前服务深化和推广的可能。

个案分析法：个案分析法就是对个体或群体进行较长时间的连续调查、了解、收集资料，从而研究其发展变化的全过程方法。本书最主要的研究方法就是个案分析法，通过个案分析法来安排研究过程、证明研究问题。在个案研究过程中穿插着观察法和访谈法，个案研究方法也是理论建构和理论验证的重要途径。

（二）研究架构（图2）

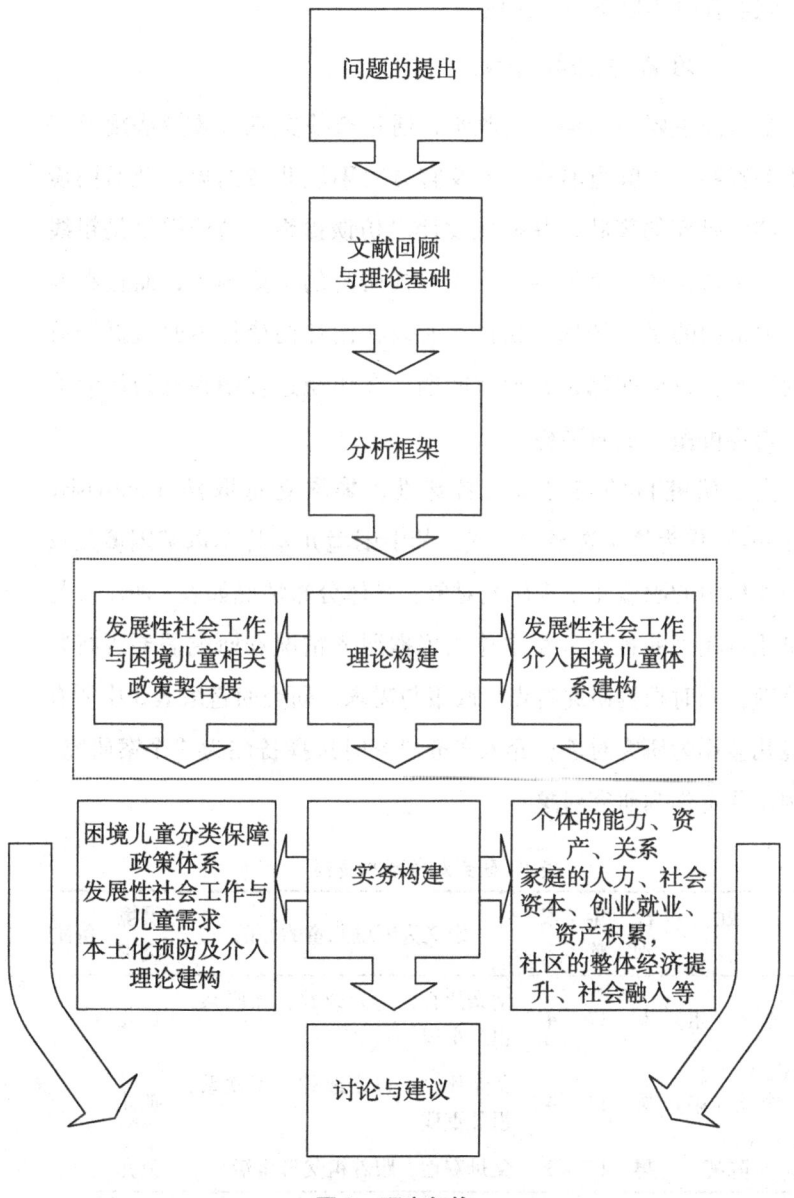

图2 研究架构

三、研究过程

本研究依托课题进行研究,跨度较长。所以自课题准备阶段起即作为本研究的开始,结合课题的安排及本研究的进展,笔者将研究过程分为以下三个阶段。

(一)准备与抽样阶段

本阶段主要为前期资料收集,通过查找文献、政策法规及其他相关资料,了解当前学术界及官方对困境儿童的界定及对困境儿童群体研究的现状,并据此设计出访谈提纲。访谈提纲是粗线条的,是访谈的一个依据,主要包括研究的主要内容,而且在本研究中采用的是半结构式访谈,所以在设计访谈提纲时遵循开放式的原则,设计的都是开放式问题,在访谈过程中根据访谈者谈话的内容可做一定的调整。

由于研究目的与对象的特殊性,采取立意取样(purposive sampling)作为样本选择的方式,其中困境儿童样本以某困境儿童服务项目中的困境儿童为研究对象,具体分布情况如表3所示;与困境儿童相关的各个利益主体则根据服务情况和研究需要进行归纳整理;同时根据研究特点、政策与需求,研究时选取表3中所有困境儿童作为研究对象;介入实务研究时选择备注为"个案研究"的困境儿童作为研究对象。

表3 研究对象基本资料

序号	姓名	性别	年龄	家人	定义为困境儿童的原因	困境类别	备注
1	李某(姐)	女	17	4	父亲死亡,母亲改嫁,无联系,祖父重残	孤儿	
2	李某(弟)	男	13	4	父亲死亡,母亲改嫁,无联系,祖父重残	孤儿	
3	陈某	男	17	3	父母双亡,跟着祖父母生活	孤儿	

续表

序号	姓名	性别	年龄	家人	定义为困境儿童的原因	困境类别	备注
4	蒋某	女	15	2	蒋某是遗腹子,母亲改嫁(失联),未成年孤儿,跟着祖母生活,祖母无收入,祖父去世	孤儿	
5	翁某	男	13	3	孤儿,祖母七十多岁年老体弱,无工作能力	孤儿	
6	尤某	女	15	2	父亲死亡,母亲改嫁(没有联系),祖母去世,跟祖父生活	孤儿	
7	小孙	男	17	3	父母双亡,跟祖父母生活	孤儿	个案研究
8	宋某	女	13	3	父亲去世,母亲离家出走,与祖父母生活	孤儿	
9	李某某	女	14	3	父母双亡,跟随祖父母一起生活	孤儿	
10	申某	女	11	3	父母双亡,跟随祖父母一起生活	孤儿	
11	凌某	女	14	3	父亲交通事故死亡,其母亲早年离家出走,至今杳无音信,多年以来,一直和祖母一起跟叔伯祖父共同生活	孤儿	
12	徐某A	女	15	3	父母双亡	孤儿	
13	陆某	男	7	3	父母双亡,与祖父祖母同住,祖母身体不好	孤儿	
14	谢某	男	12	1	父亲患肝癌去世,母亲意外死亡,与伯伯一家在青海生活及上学	孤儿	
15	徐某B	男	10	3	父母双亡,小学四年级,现已被收养	孤儿	
16	王某(姐)	女	17	4	父母双亡,和祖父母一起生活,小学五年级	孤儿	
17	王某(弟)	男	12	4	父母双亡,和祖父母一起生活,初三	孤儿	

续表

序号	姓名	性别	年龄	家人	定义为困境儿童的原因	困境类别	备注
18	沈某	男	15	1	母亲死亡，父亲服刑	监护缺失	
19	小晋	男	5	4	父母因吸毒服刑中，祖父祖母离婚	监护缺失	个案研究
20	何某	男	12	2	父亲死亡，母亲服刑，何某跟随外婆生活	监护缺失	
21	孙某	女	9	3	母亲死亡，父亲服刑	监护缺失	
22	朱某	女	12	3	父母双方服刑，祖父祖母年老多病	监护缺失	
23	华某	女	8	3	母亲死亡，父亲重病，跟祖母生活	无力监护	
24	小慧	女	13	3	父亲重病、母亲重残丧失劳动力，家庭困难	无力监护	个案研究
25	曹某	女	14	3	父亲去世，母亲患尿毒症，与祖父祖母一起生活	无力监护	
26	阿毛	男	12	3	脑瘫，养父打临工，养母在家务农并照看阿毛	重残	个案研究

（二）资料收集阶段

该阶段主要包括两个阶段，第一阶段是 2018 年 11 月初至 12 月中旬，是实地调研阶段，主要完成调研的任务，即搜集足够数量的研究（服务）对象，并与研究（服务）对象、其监护人，以及与其相关的政府、社区工作人员进行访谈，并在允许的情况下对访谈进行录音；第二阶段是 2019 年 1 月至 6 月，组织开展发展性社会工作介入困境儿童服务，并及时收集服务资料。

（三）资料分析阶段

质性研究的资料分析过程，是一种概念化的过程，是将原始的资料架构成几个初始主题或概念，再根据主题或概念将资料做分类，最后加以总结或整合（胡幼慧，1996）。综合相关研究资料

（Boyatzia，1988；Coffey Atkinson，1996；Dey，1993；Erlandson eta.，1993；Mc Millan，Schumacher，2001；钮文英，2005），质化研究与分析资料的过程可以建构成以下三步：①设定与说明资料编码的原则；②誊写与整理收集而来的研究资料；③分析誊写好的研究资料（钮文英，2015）。

本研究在资料收集与整理时，根据研究目的和架构的不同阶段，将资料分析分为两个阶段：一是困境儿童需求分析阶段，该阶段为了数据的翔实度和充分性，以表3中所有的困境儿童为研究对象，进行扎根理论的分析；二是发展性社会工作实务分析阶段，该阶段为了加大研究的深度，在表3中按困境分类、年龄段选择有代表性的4名困境儿童作为研究对象，其中，小孙（困境儿童7）代表孤儿分类和即将迈入社会脱离困境儿童福利身份的个案特征，同时其自述的抑郁症等现象又恰好可以探索传统介入与发展性介入的结合；小晋（困境儿童19）代表监护缺失分类和低龄段且困境儿童福利身份时有时无（父母可以预知的未来都将徘徊于被强制戒毒与回归家庭之间）的特殊情况；小慧（困境儿童24）代表无力监护分类和初中年龄段，以及个人未来与家庭负担等多种议题交织的特殊情况；阿毛（困境儿童26）代表重残儿童分类，并且其家庭也有一定的特殊性（收养家庭）。

四、研究伦理

研究伦理乃是研究关系协调中的最后一个重要步骤。质性研究往往都需要深入被研究者的生活世界，了解研究现象与行为背后的意义，访谈开启了被研究者的内在，而在这样的过程，潜藏着许多伦理的议题。在一般的研究过程中，所关注的伦理议题包括以下几个方面。

（一）知情而同意

对研究的参与者而言，对于研究的目的、资料如何使用、可能涵盖的主题以及所需要的时间等，都是必须让其事先知情，并且是在同意的状况下，自愿参与研究。

（二）匿名与保密

所谓"匿名"（anonymity）是表示只有研究团队的成员才知道参与者的身份；而"保密"（confidentiality）则是表示将避免在报告或是简报里提及参与者的身份；倘若在访谈中有涉及建档的问题，则必须先与参与者讨论建档的匿名与否以及资料保存的问题。

（三）保护参与者

由于访谈过程将具有诱发的特质，有可能使参与者揭露或分享未曾说出的或是痛苦的经验，即使其对于所要探究的议题已事先知情或是签订同意书，均有可能因为访谈的内容而使其心绪无法平静。因此在访谈过程中，对于参与者的情绪与感受以及保密的部分，是必须要加以注意的。

（四）权力议题

在本研究中，主要是探讨方案参与者的经验与内在想法。由于部分被研究者目前仍旧属于受扶助家庭对象的角色，而研究者本身亦在此场域服务，因此在访谈过程中，针对明显权力不对等的关系存在、研究参与者的自我揭露等议题须更加关注与觉察。

第二章 发展性社会工作

第一节 发展性社会工作研究概述

一、发展性社会工作的发展渊源

（一）背景概述

社会工作是一门助人的专业。在实务工作中，随着社会变迁面临着现实的多元问题等挑战，传统的社会工作方法或许已不足以解决服务对象的问题，而应由政府、学界及实务工作者携手建立伙伴关系，将社会福利服务模式进阶为发展性社会工作（李美珍，2016）。这是一种强调促进人们的经济参与和改善其社会功能相结合的社会工作理论与方法，其突出的特征是综合干预和大量使用社会投资策略。

一般认为，该理论模式起源于南半球（南方世界），特别是西非一些国家从殖民地独立前后的实践，及 20 世纪五六十年代联合国推动的"社区发展"（Midgley，1995）。而作为一种从社会发展和可持续发展视角提出的社会工作理论与实务模式，则是在 20 世纪 80 年代开始萌芽，主要源于发展中国家的社会工作人员和学者不断对北美和英国主导的社会工作理论和实务提出质疑，主要从社会相关性（social relevance）提出质疑（向荣等，2018）。而著名的发展性社会工作提出和推广者劳拉·简·亚当斯在早年创办的睦邻友好运动中探寻到了发展性社会工作理念的源头（全国社会工作者职业水平考试教材编委会，2020）。

出生和成长于南非的 Midgley，在从事社会工作期间有感于从西方移植的社会治疗模式与南非社会现实脱节，于20世纪80年代开始大力批判英美社会工作的专业帝国主义（professional imperialism）对南非及其他发展中国家社会工作的误导。其指出传统社会工作模式无法应对发展中国家广泛存在的城市失业或就业不足、农村贫困、饥饿、无家可归、文盲及疾病等问题，呼吁建构发展性社会工作（developmental social work）以推动社会发展为目标，弥补发展中国家经济和社会发展的不足，比如以社会工作协助提供生产或就业机会，协助教育和医疗服务的供给等，以及倡导发展性社会政策等策略（Midgley，1996）。James Midgley 在 2010 年与 Amy Conley 合作出版的 *Social Work and Social Development：Theories and Skills for Developmental Social Work* 一书，对发展性社会工作进行了较系统的阐述。

（二）理论发展

Midgley 认为社会工作在 20 世纪初形成之时，除了传统慈善和个别化的个案救助工作，还有以 Jane Adams 为代表的社区发展工作——睦邻运动（Settlement Movement）。第二次世界大战后，这一模式在发展中国家形成了一系列的"准发展性社会工作"。主要包括了政府主导的社会福利计划和由社会力量广泛推动、由发达国家主导的对发展中国家资助的社会发展和社区发展计划，如 1952 年泰戈尔与甘地的农村"建造"（construction）方案；1970 年印度自雇妇女协会（SEWA）；1971 年孟加拉农村改善委员会（BRAC）。虽然 Midgley 强调社会工作和社区发展等"准发展性社会工作"的意义，但发达国家社会工作对此响应不大，而不少发展中国家更认同发展性社会工作本土化的策略，南非的经验尤为突出（Midgley 等，2012）。

郭登聪（2016）在《金融社会工作运用在发展性社会工作策略可行性探讨》一文中，关于"发展性社会工作"有几点论述："就发展性社会工作的理论而言，显然其所引用的重点在于优势观点、充权理论、意识觉醒、能力培养等概念；其次，发展性社会工作主要的理论背景，是强调投资的概念，此论点源自于 Anthony Giddens 第三条路中，所提到投资型的国家和社会政策的积极性；发展性社会工作并非与传统社会工作的理念方法相互背离或否定，其是一种工作方法和策略应用上的转换；发展性社会工作的各项策略，皆被视为现今解决社会问题的有效方法，其运用妥适与否将能更积极地跳脱弱势族群长期依赖的现象和问题，当然其功能仍有所限制和不足，不过其思维和方法确是可被参考和运用的；以社会工作而言，可能依然需要将金融社会工作（发展性社会工作亦然）所需的相关社会工作理论，好比说优势观点、充权理论或行为修正等做好应有的准备和充实"。

（三）本项小结

虽然社会发展的理念在社会工作发展之初就存在，但是发展性社会工作在 20 世纪才随着社会的发展应运而生，其起源于对传统社会工作方法的反思与颠覆，是应对发展性社会、发展性社区及个人发展脉络和特点而形成的社会工作理论。发展性社会工作理论的成熟与发展是根植于实践，吸收及融合各家理论精髓而形成的，其与传统社会工作的区别在于引入社会投资，将投资与社会发展结合在一起；另外近年来发展性社会工作又进一步引进可持续发展的理念，强调发展是一个过程（全国社会工作者职业水平考试教材编委会，2020）。

二、发展性社会工作的假设与观点

（一）基本假设

Amy Conley Wright（2016）在《从国际视野看社会工作与社

会发展：发展性社会工作策略》一文中指出，理想的社会发展是在发展过程中获得经济发展与社会福利的平衡。基本假定是社会福利的介入有助于经济发展，经济发展为全体人民带来福利。社会发展是通过国家、社区与市场作用的整合来实现的。发展性社会工作的介入支援能力，使接受介入的对象有能力参与经济及社会活动。发展性社会工作的三个核心原则：①以优势视角介入；②充分发掘资产、发挥能力；③通过增能赋权理论的实务，改善社会和经济等方面的福利水平。

Patel Leila（2017）提出，发展性社会工作采用的是兼容并蓄（eclectic）的知识基础，包括个人焦点、环境焦点、社会发展和社会工作的理论。发展性社会工作需要整合概念性理论、解释性与理念性理论。社会工作者根据工作的目标、价值和工作需要去选择相关理论与干预策略；在选择过程中，特别需要评估该理论是否与社会工作专业的价值和伦理矛盾，具体如图3所示。

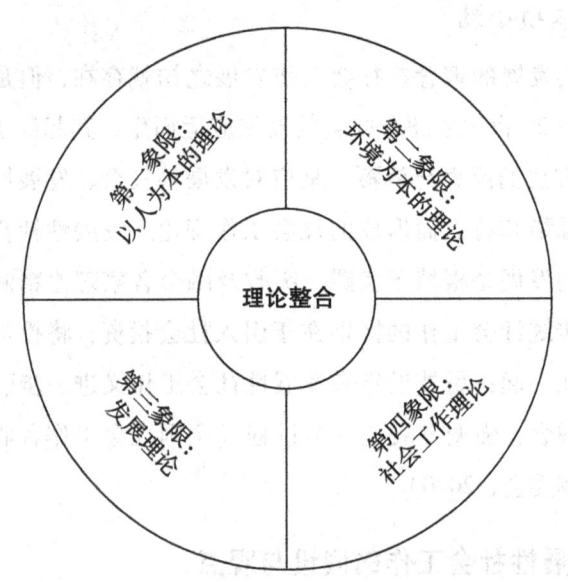

图3 社会工作知识象限图

在 2020 年《社会工作综合能力（中级）》首次将"发展性社会工作"列入了"社会工作理论"的篇章，指出"人们对发展性社会工作还缺乏统一的认识，在许多概念、关注焦点上都还存在不同的观点"（全国社会工作者职业水平考试教材编委会，2020）。但是结合多方观念和已有实务的影响，本书尝试将其基本假设概括成：个人成长与环境改变应该结合在一起，避免个体、家庭甚至社区被社会排斥，并着眼优势和增能、强调社区力量、运用投资策略，促进个人、家庭与社区、社会交互的、可持续的发展。

（二）主要观点

James Midgley 和 Amy Conley 在社会发展观点中，提出了"发展型社会福利"（social welfare for development）、"发展型社会政策"（social policy for development）等概念。其核心观点和主张是社会福利服务和社会工作应当与经济发展进程密切结合，注重改善和增强相关人群的经济活动能力及"生产性"（productivity），促进其有效参与社会经济活动并获得整体处境的改善，最终实现经济发展与社会发展的协调统一。他们明确指出，遵循社会发展理论的社会工作与社会服务，应是视野宽广、重点关注贫穷和资源匮乏问题，并试图推动更具进步性的社会变迁，因而区别于传统主流的基于城镇、补缺型的社会工作和社会服务方式（主要表现为院舍照顾、心理咨询等）；这种社会工作与社会服务是在全面整体的、以社区为基础的框架内，努力整合社会工作和社会服务的补救性、预防性与发展性功能；在方法的层面，它要求广泛使用团体和社区的社会工作方法及"整合式的方法"（安东尼等，2006）。

1998 年，Gray 在 *Developmental social work education：A South African example* 中明确使用了"发展性社会工作（developmental social work）"的概念，其主张发展性社会工作是在社区层面的整体介入，关注社区人群的经济活动，致力于促进其生产能力的提升以改善整体处境,并实现社区发展(Gray,2002)。Maren Bak 也以南非的一些实务经验为基础,提出发展性社会工作是变革的社会工作,更突出强调其"增权"的含义(Bak,2004)。

2010 年,James Midgley 和 Amy Conley 出版了的 *Social Work and Social Development: Theories and Skills for Developmental Social Work*(罗秀华译)一书中,则进一步系统地论述了发展性社会工作的基本理念和主要的策略方法等,指出发展性社会工作受到社会发展领域的广泛跨学科领域的影响,发展性社会工作已被视为社会工作的"社会发展"取径,如同一般的社会工作,用于临床社会工作和社区组织和政策立法等方面。在实务方法层面,则提出了各种旨在提高人们的生产性和资产能力的介入策略,包括小微企业、人力和社会资本投资等(Midgley 等,2012)。

概括地说,以 James Midgley 等为代表的西方学者关于发展性社会工作理论模式的基本假设包括:①"发展"包括"经济发展"是人的一项基本需求,也是社区重要的基础性需求;②人和社区都存在着经济发展与全面发展的动力和潜能,但在某些情况下(如灾害的影响与过度市场化)这些动力和潜能可能得不到有效发挥,导致发展受阻并产生关联问题;③社会工作专业应当且适合介入有关人与社区经济发展和整体发展的领域,通过运用其整体分析视角和助人、自助技能消除障碍、增强能力,促进人与社区的经济社会协调发展;④通过支持体现社会面向的经济发展行动,促进有关人群经济发展与社会发展的统一,可以有效解决某些社区和群体发展受阻的问题,并对改善群体问题起到积极作用。

Amy Conley Wright(2016)提到发展性社会工作的三个核心原则:以优势视角介入、充分发掘资产与发挥能力,通过增能赋权理论的实务,改善社会和经济等方面的福利水平。可见在此对于发展性社会工作有了更清楚的定位,其所强调的如何利用发展的概念为社会工作开创另一个视野和角度。由此可见,发展性社会工作的推动是为传统社会工作的解题提供一个积极性的视角和观点，其在于将传统社会工作在处理贫穷问题和经济弱势的问题上给予正面积极的引导，而且也结合社会投资的概念强化资本累积，同时运用较为普遍的资产累积和社会企业的形式，去突破贫穷的困境，跳脱经济的桎梏，促进社会发展和个人发展的积极作用。

（三）实务策略

陆德泉（2017）根据 Patel（2017）在第二届国际发展性社会工作会议的讲义整理出发展性社会福利和社会工作模式与传统不公平政策下社会工作的社会治疗模式的差异如表4所示，体现出：①服务提供强调以权利为本的立场；②以整合式家庭为中心和以社区为基础的服务；③以社会工作通用模式（结合个人、小组与社区工作）进行服务；④社会服务整合社区发展与生产生活等4方面的特点。

表4 社会福利服务提供模式的比较

社会治疗模式	发展性社会福利模式
• 不公平与歧视性 • 参照医疗模式 • 聚焦在补救、社会病态、服务对象的不足、个人的心理临床治疗与院舍照顾 • 家长权威关系与片段性干预 • 以社会工作者为主要的专业角色 • 昂贵且影响面少	• 社会正义目标，特别针对弱势群体需求 • 参照以权利为本的模式 • 聚焦在社会与经济发展、充权、能力为本、参与、惠贫、脆弱群体、伙伴关系 • 通用实务整合宏观与微观干预策略；在不同层面和不同服务对象群体中开展干预服务 • 以整合式的家庭为中心和以社区为基础的服务 • 以协作式服务动员相关专业或非专业人员参与并提供服务 • 成本、效益高，影响更大

（陆德泉，2017）

同样结合南非经验，陆德泉总结了在具体社会工作领域中如何结合权力为本、经济与社会权益、社会投资的早期干预和教育策略、家庭中心和社区基础服务模式、多种干预策略、创新服务和政策倡导与完善等复合型的干预策略，如表5所示。

表5 具体社会服务领域的发展性社会工作干预策略

发展性社会工作的特点	儿童、青年与家庭	老人	残障人士
●权利为本 ●经济与社会权益 ●社会投资的早期干预和教育策略 ●家庭中心、社区基础服务模式 ●多种干预策略 ●创新服务 ●政策倡导与完善	●家庭作为基本社会单位 ●从经济、基本服务到支持性服务的服务连续体 ●多种干预策略，从个人和家庭辅导、以家庭为中心、社区发展到政策倡导 ●平衡康复性、预防与发展型干预策略 ●准确纠正早期干预和社区支持 ●多元化与社会性别敏感的社会工作 ●创新服务维护权与倡导权	●老人权益 ●减贫，拓宽对服务和社会保障的取得渠道 ●促进参与决策、有意愿就业者、老人学习、志愿者与社会服务 ●增强代际间的平等互惠关系与团结 ●多种照顾体系，以居家和社区照顾优先 ●加强对老人照顾者的支持，特别是老年妇女	●充权、能力为本、通用模式 ●残疾人权利、非歧视性与充权 ●微观从个人与家庭的辅导 ●中观从自助小组与社区支持 ●宏观包括倡导、公共教育、意识提升与推动生计开发与独立生活 ●跨部门合作，与私营部门合作就业开发 ●开发社区照顾

（陆德泉，2017）

在上述文献中，陆德泉（2017）在实务技能方面，指出柏德尔（Patel，2015）认为发展性社会工作需要掌握微观、中观和宏观的社会工作技能。微观的发展性社会工作技能包括掌握个人、家庭与小群体工作的技能；中观的发展性社会工作技能包括正式组织、群体与网络的工作技能；宏观发展性社会工作技能，包括在社区、社会和全球层面工作的技能。

（四）本项小结

发展性社会工作的理论与实践均以"发展"为核心。不论是在社会经济层面，国家政策层面，还是具体的社区范围，家庭范围，发展性社会工作的观点都是动态且具有前瞻性的，用优势的观点与平等的态度展开理论研究与实践工作。

基于此种倾向，发展性社会工作的工作模式与干预政策同传统社会治疗式社会工作区别明显。平权、充权、福利为本、宏观影响、协作服务等贯穿其中。干预政策更为多元化、正规化。

三、发展性社会工作的实务板块

（一）西方实践经验

2010 年，James Midgley，Amy Conley 将发展性社会工作的实务分为儿童、老年、社会企业、身心障碍者、贫困、矫治社会工作、无家者及社区发展等八个板块（Midgley 等，2012）。

Leila Patel（2015）指出，发展性社会工作应将个人、环境、社会发展和社会工作理论视为焦点，在社会公义、人性观、民主与参与、平等、非歧视性、和解、能力、正直可靠、专业责任、服务等价值观的指导下，他提出了关于发展性社会工作实务的两阶段模式，如图 4 所示。

发展性社会工作既强调经济发展与社会发展的相互支持，也重视人力资本的建设，通过职业技能的培训和教育等手段增长群体或个体的知识、提升他们的就业能力。在图 4 中，在第一阶段的

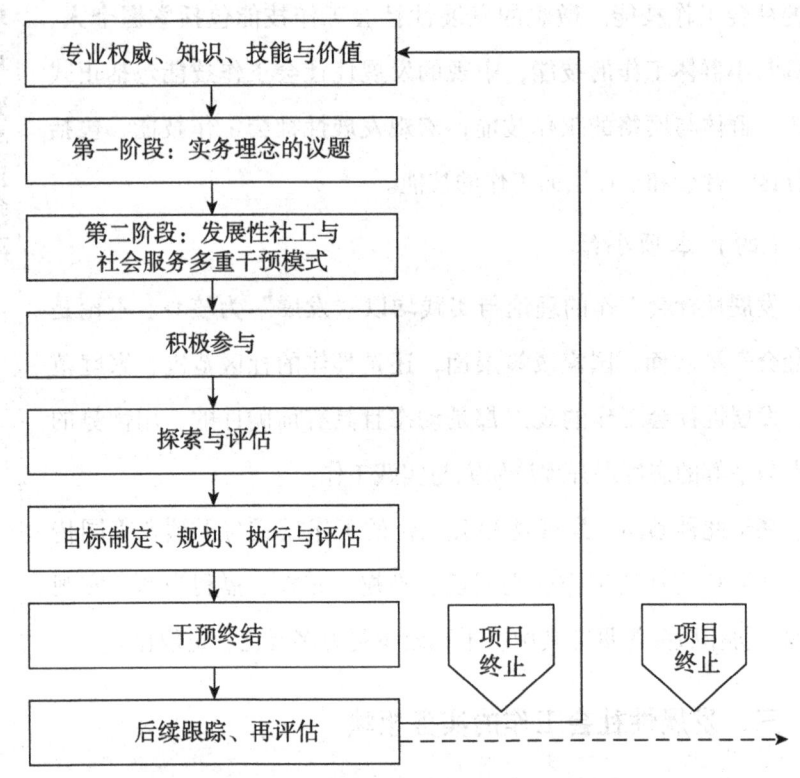

图4　发展性社会工作实务的两阶段模式

实务理念主要包括发展性社会福利理论、权益为本、福利提供的多元化、民主与参与以及微观与宏观方面的介入等。此外，强调通过社会资本投资，加强弱势群体与社区间的互动交流、增强与社会的信任感以及提升互帮互助的协作能力。

Leila Patel 把第二阶段的干预模式具体划分为减贫与可持续生计策略，以家庭为中心的策略和以社区为本的策略，社区层面的信息提供、教育与组织策略，社会政策与社会规划，政策倡导五个方面的内容，在这五个方面的内容里又有具体的实施策略。如表6所示。

表6　多种干预策略对比

减贫与可持续生计策略	以家庭为中心和以社区为本的策略	社区层面的信息提供、教育与组织策略	社会政策与社会规划	政策倡导
•社会救济与社会救助项目 •小型与微型企业创业 •商业发展 •信贷与微型金融 •储蓄项目 •资产建设 •创收 •粮食保障 •就业项目 •社区为本的小公共工程 •社会资本	•辅导 •朋辈或普通人陪伴辅导 •自助小组 •社区支持 •社区照顾 •居家照顾 •志愿者组织 •社区与青年服务 •社会工作热线 •社区矛盾调解 •与家庭和社区网络的合作和增强策略 •能力建设	•社区教育 •社区预防 •社区咨询 •固定咨询点 •多目标社区中心 •社区媒体 •大众媒体 •社区剧场与社区故事叙述 •能力建设 •公民教育 •以充权为目标的社区教育	•行动研究 •快速评估 •咨询与参与规划和决策 •设计与执行 •发展性社会福利项目 •早期预警系统 •在服务不足地区拓展服务 •社区监督监测与评估	•意识提升 •以充权为目标的能力建设和教育 •组织、动员与网络建设 •社会公义的倡导项目 •法律权益倡导 •社会公义研究 •保护与促进权益 •权益教育 •行动研究

（陆德泉，2017）

（二）我国港台地区经验

学者黄洪（2005）针对全球化导致香港地区产生部分的失业及贫穷问题，提出如何借由社区经济的推动以改善此情况。台湾地区也有学者有类似的响应，并认为借由社区经济的发展，除了可以引导社区产业的推广外，更重要的是利于整体经济的复苏，并可解决社区失业的问题，以达到社区整体经济发展的结果。对于社区而言，借由经济发展来推动整体社区的进步，且带动整体社会的发展，是近些年来社会工作的一个重要路径。借由对经济面向发展的重视，再与整体社会工作相结合，促成社区的发展与进步，已成为必然且重要的趋势。尤其是面对全球化发展所带来的各种贫困和弱势族群被排除在市场之外等问题，如何推动社会发展，追求社会公义，以权利为本，以社区为本，已成为新时代重要的思维和方法（郭登聪，2010）。

2014 年，伊甸社会福利基金会与台湾大学合办的发展性社会工作国际研讨会上，与会学者、实务工作者分别从发展性社会工作的理念与方法、各福利机构在实务工作上的经验和视角，提出不同方向和议题的讨论（冯燕，2016）。在这一会议上我国台湾地区开始使用"发展性社会工作"这一名词。此次及 2016 年的第二次研讨会的论文集，实务板块的论文主要包括成年视障服务、服务关系建立、身心障碍者职业发展、喜憨儿、自立少年、新移民、受暴妇女、灾后重建（黄琢嵩、郑丽珍，2014）及社区教育、智慧障碍、原住民、弱势及新住民妇女、早疗家长、儿童保护、扶贫济困、女子教育、精神康复、中途宿舍、服务行业外来工、整合与发展、新来港人士、非正式就业、流动人口（黄琢嵩、郑丽珍，2017）等领域。

另外，罗秀华编著的《本土社会工作的发展取径》（2017）中则介绍了发展性社会工作在脱贫、社会住宅、多元就业等方面的案例，并基于发展性社会工作的可持续发展理念提出"绿色社会工作"等新概念。

（三）我国大陆经验

云南大学社会工作研究所的社会工作专业教师在 2007 年成立 L 民办社会工作机构，开始以城市流动人口为关注对象，在流动人口聚集社区探索出一套适合西部地区实际情况的社会工作服务模式，并逐步开拓少数民族贫困农村社区发展和灾后社区重建工作。《发展型社会工作对深化精准扶贫的助力策略分析》一文主要集中对 L 民办社会工作机构就发展型社会工作模式在精准扶贫领域应用的探索进行分析。并提出了发展型社会工作深化精准扶贫的实践模式，如图5所示。

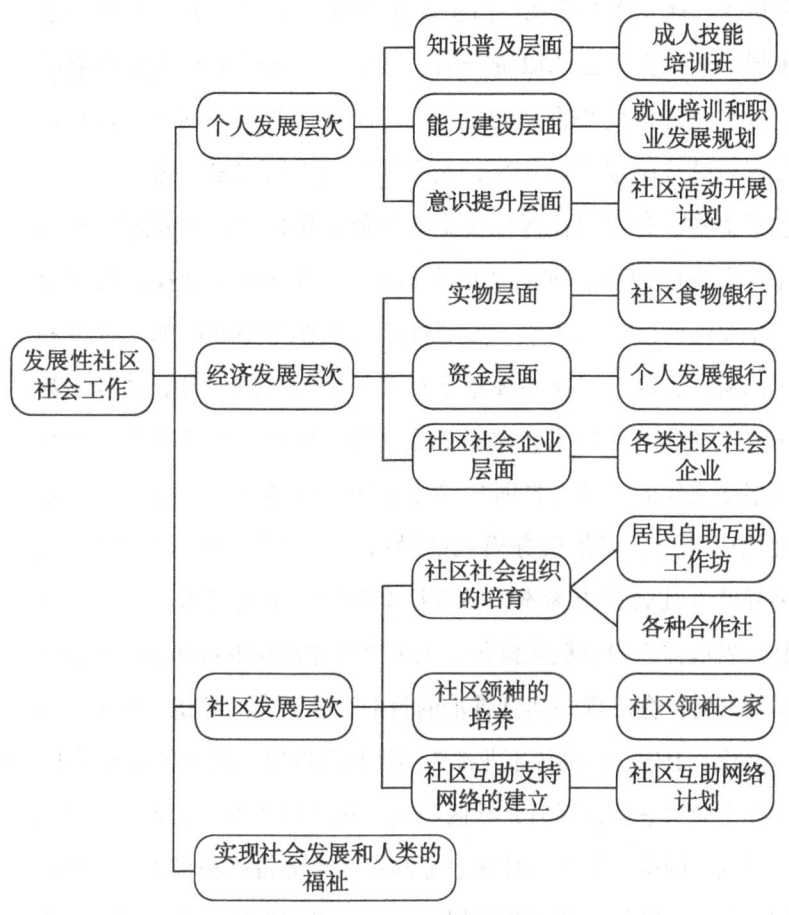

图5 发展性社区社会工作实务模式

另外，学者吴骏（2016）建构了一套发展性社区社会工作实务模式，从"个人层次——经济层次——社区层次——社会层次"出发，搭建发展性社会工作的社区发展模型（见图5），并从中对发展性社区工作进行深入探讨，从而回应米奇利（James Midgley，笔者注）在社区发展性社会工作取向的探索。在发展性社区社会工作实务模式里，第一层次是个人发展层次，也是最基础的层次，主要强调以人为本。发展性社区工作主要回应的是社区中的个人需求。这一层次主要包括知识普及、能力建设和意识提升层面等，是发展性社区工作在微观层面实现的"助人自助"。第二层次是经济发展层次，主要强调以资产为本。发展性社区工作主要回应的是社区中经济建设和发展的需求，直指社区的贫困问题，旨在改变社区居民贫困落后的状况，提升其物质生活水平。这一层次主要包括实物、资金和社区社会企业的建立层面等，是发展性社区工作在中观层面所实现的"助人自助"。第三层次是社区发展层次，主要强调以社区为本。发展性社区工作主要回应的是社群和社区的需求。这一层次主要包括社区社会组织的培育、社区领袖的培养以及社区互助支持网络的建立等，也是发展性社区工作在中观层面实现的"助人自助"。第四层次是社会发展的层次，这是发展性社区社会工作实务模式的最后一个层次，也是最高层次，主要强调以社会需求为本，回应社会问题。个人需求、经济需求和社区发展需求得到极大满足，上下贯通并相互发挥作用，从社区治理上升到社会治理并达到善治的目的。社区中的经济、政治、教育、文化、卫生、福利等事业都能实现长足发展，社区居民的意识、能力和生活水平得以提升，社区归属感和认同感得以加强，和谐共荣的社区氛围得以形成，社区事务和社会事务得以积极参与，患难相恤、守望相助的社区文化得以实现，最终实现社会的发展和人类的福祉，是发展性社区工作在宏观层面所实现的"助人自助"。

（四）本项小结

由此可见，发展性社会工作并非全新的概念，其发源于早已存在的社会工作方法之中。随着社会的变迁及社会问题的滋生使得发展性社会工作重新被讨论和重视。因发展性社会工作应时代需要而引进新的工作策略，其对于传统的社会工作造成了相当程度的影响与冲击。从整体而言，发展性社会工作的推进对新世纪的社会工作是一种考验和转型。

第二节 介入困境儿童的理论探索

一、介入困境儿童的既往研究

(一) 从保护取径 (Approach)❶ 到发展取径

前文可见,发展性社会工作实践领域极为广阔,在儿童工作方面也广有涉猎。儿童的发展与家庭生命的周期都是一个发展的历程,随着孩子年龄的增长,发展的目标与进程不同,也让家庭进入不同的任务,与发展性社会工作强调发展的概念不谋而合,因此这种工作方法紧跟着儿童发展及家庭的需求,提供个性化服务。所以,本节将梳理和综述发展性社会工作和困境儿童相结合的研究现状。

在传统儿童福利领域中,包括美国、加拿大与英国等国家的社会工作向来强调儿童保护取径,即通过进入家庭服务,或当儿童不能安全地在自己的家庭里生活时,提供替代家庭的照顾。儿童虐待问题被认为是父母或其他照顾者的能力不足、不负责任或是"堕落"(degeneracy)的结果。案件通常通过司法体系调查被视为虐待儿童的"罪行"(crime),强迫家长要接受服务。儿童福利体系与家长之间的关系,往往是对抗性的。至于其他社会福利体系与广泛的社区参与,往往显得无关紧要。

而儿童福利的发展取径旨在提高家庭与社区照顾儿童的能力。首先强调更为一致性的预防取径;其次将儿童福利的促进与贫穷缓和政策及方案紧密联结;再次强调社会投资有特定的干预形式;最后发展性儿童福利系基于以权利为导向的取径,明确援引人权

---

❶ Approach,一般翻译为取向,本段有保持参考文献原貌,保留翻译者所强调的"路径"意涵,故直接引用作"取径",后同。

的概念。(Conley, 2012)

(二) 部分实务研究枚举

梁汕祯、洪意婷、黄思婷 (2017) 就将发展性社会工作运用于早疗家庭的规划执行进行研究，并将充权与发展性社会工作相结合，借由实质的社会投资，以提升服务使用者的早疗智能，亲子互动的品质以及亲子教育的自我效能。

Amy Conley Wright (2017) 针对美国与澳大利亚支持儿童及其家庭的联邦政策，比较两国政策的不同，虽然美澳两国的文化与经济条件相似，但幼儿期的人力资本社会投资则形态相异，其探讨不同政策取向对儿童及其家庭在童年时期的人力资本累积所产生的影响差异。

Sadia Hussain (2017) 就旁遮普省地区的女子教育情况进行调查，包括了调查选定学校的子女入学、留校和退学的现状、16岁以下女子教育出现障碍的内外部因素、公立学校所提供的教育品质和机构能力、对在求学中遭遇不公平待遇的女生进行的个案研究。

周镇忠、郭庆雯、张超、朱星星 (2017) 以发展性社会工作理论和方法为视角，采用半结构访谈法对LH儿童乐园的外来工进行访谈，全面深入地探究服务业外来工的需求状况。通过调研发现服务业外来工在生活环境、就业、健康、自我与社会意识、权益维护、理财、职业发展、社会政策等方面的需求。并结合发展性社会工作理论与方法构建了一个发展性社会工作的实务模型，从政府、外来工、企业与社会组织四个层面提出建议，以促使外来工社会保障及健康水平的提升。

Amy Conley Wright (2016) 在概述社会发展与发展性社会工作重点概念的基础上，接着运用世界各地的社会工作研究文献探讨发展性社会工作策略及范例，如图6所示，并将发展性方法应用于儿童福利实践领域。他认为儿童福利的发展性社会工作方法的操作与传统的儿童保护不同,不是等到危机发生再去介入,重点在增强家庭与社区照顾儿童的能力。最后他提出,需要依赖伙伴关系将社会福利技术转移至社会发展与发展性社会工作,需要社会工作从业者、专家学者与决策者一起合作,使社会发展与发展性社会工作得以实践。

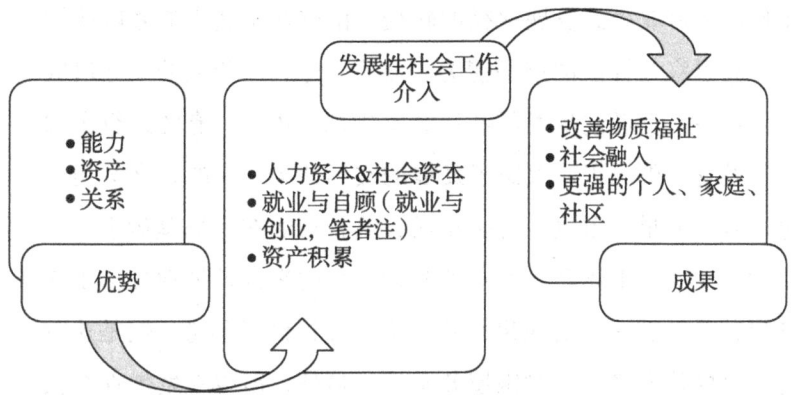

图6 发展性社会工作优势法介入

张素秋(2016)等人在分析了青少年的自我认同与危机、青少年发展生涯的前提下,运用充权理论来设计方案以引导他们自主发展,帮助他们建立独立空间、学习必要技能、以合作代替教导等,并对实施方案进行评估,其总结出帮助青少年发展需要以他们自身为主体,以体验教育指导青少年厘清自己的发展道路,结合社会工作者的热忱陪伴,让青少年的能力充分发展。

陆德泉,向荣(2016)认为当今中国农村的农民流动并非单方向的乡—城流动,而是呈现乡—城和城—乡的钟摆式流动,或乡—城循环流动的连续流动过程。因此,详尽分析农民工乡—城循环的连续流动过程,分析流动过程中呈现的各种社会需要,有助于建构农村社会工作,针对农民工的城乡流动形态设计更合适的介入理论、策略和实务。基于西部农民工乡—城循环流动社会需求与构建发展型社会工作模式研究针对云南省昆明市和贵州省贵阳市城乡接合部流动人口在乡—城循环流动历程的案例调查，以及对乡—城循环流动历程中相关介入的策略分析，从中提出了从发展型社会工作模式的角度构建农村社会工作的建议。

（三）本项小结

本项内容回顾了发展性社会工作的既往研究，总结出儿童社会工作由保护取径到发展取径的转变，由取代不适当的家庭照顾变为提高家庭与社区的照顾能力。而后，笔者对相关的实务研究进行了枚举，学者们从发展性社会工作视角出发，有的进行了关于女子教育、外来工、农民工发展的实际调查，有的将之运用于实务介入，如早疗家庭、青少年成长等，有的在实务基础上，提出了发展性社会工作介入实务的模型，总的来说发展性社会工作实务研究已经有一定的成果，并为本研究提供了参考，但是这些研究的对象并未突出针对困境儿童这一群体，所以在发展性社会工作介入困境儿童服务这一领域的研究还不够深入和充分。

二、介入困境儿童的分析框架

基于 Amy Conley Wright（2016）在《从国际视野看社会工作与社会发展——发展性社会工作策略》一文中的建议，以及前文的比较，发展性社会工作介入困境儿童的分析维度分为优势、资产、关系三个方面。

（一）优势

ROPES 模式是优势观点实务工具之一，这几个英文缩略的字首代表着 Resources（资源）、Opportunities（机会）、Possibilities（可能性）、Exceptions（例外），及 Solutions（解决），表 7、表 8 是对这个模式的概述。这个架构被用来指引一般取向及特殊问题的实务者。当实务者面临困境没有灵感，或无法找出确定而有用的优势，可把 RPOES 模式当成简单记忆的策略，以提供方向。

表7 使用 ROPES 发现优势

资源	个人、家庭、社会环境、组织、社区
机会	目前的焦点、强调选择、什么是目前可取得的？ 什么是可得且尚未尝试或利用的？
可能性	未来的焦点、想象力、创造力、远见、活动、 什么是你曾经想要尝试而还没试过的？
例外	在什么时候，这问题不发生？ 在什么时候，问题会不同？ 假如未来会有部分解决，在什么时候会发生？ 过去是如何让你存活了下来，忍受和成长的？
解决	聚焦于解决的建构而非解决问题？ 什么是行得通的？ 什么是你的成就？ 什么是你正在做的，并且那是你喜欢一直做下去的？ 如果有奇迹，会发生什么？ 你现在可以做一些什么，创造出一点点奇迹？

（许临高，社会工作理论课堂资料）

表8 从优势观点增加评估的资讯

典型的范围内容	传统资讯	新增资讯
当前的问题	详细的问题描述 症状表 精神状态 因对策略	强调案主的语言 问题的例外 资源的探索 强调案主的解决 奇迹的问题
问题史	开始及延续 发展的进程 影响的结果 过去治疗史	例外： 什么时候问题没发生或不同？ 含未来何时问题被解决？
个人史	发展的里程碑 医疗史 心理、情绪、性侵害 饮食及运动	生理、心理、社会、 精神有利的条件 （你过去是如何做到的？ 你是如何做到并克服不幸？ 什么使你学到让他人了解你？)

续表

典型的范围内容	传统资讯	新增资讯
物质滥用史	使用模式：开始、次数、分量 药物/习惯的选择：酒精、毒品、咖啡因、香烟、赌博 结果：心理、社会、生理	怎样使用协助？ 使用较少的时期（即找不同） 节制的期间（即找例外） 个人及家庭仪式——什么是被忍受的？尽管使用（滥用）
家族史	父母及手足的年龄与健康 关系的描述 文化及种族影响 生理及心理疾病史	家庭仪式（用餐时间、假日） 角色模式——核心及延伸的 容忍的策略 重要家人的故事
教育及就业	教育史 就业史 成就、类型及问题	技能及兴趣的表单 家务及亲职技巧 社区参与等
摘要 处置 建议	摘要及重要事项的优先顺序 诊断：DSM-IV、PIE 建议及处遇策略	发展叙事成为诊断及问题焦点 资源、机会、可能性、例外及解决建议其他专家与案主工作时，如何利用其优势

（许临高，社会工作理论课堂资料）

（二）资产

Amy Conley Wright（2016）在《从国际视野看社会工作与社会发展——发展性社会工作策略》一文中把资产描写为人力资本（谋生技能）、金融控股（储蓄账户）等。后来发现在生计（Livelihood）研究领域，Chambers 等（1992）从创造生存所需的角度提出生计是一种谋生的方式，它建立在能力、资产和行动的基础上，其中对资产有一定的定义。其进行文献梳理后发现英国海外发展部（Sustainable Livelihoods Approach，SLA）的可持续生计分析框架最具代表性，如图 7 所示。

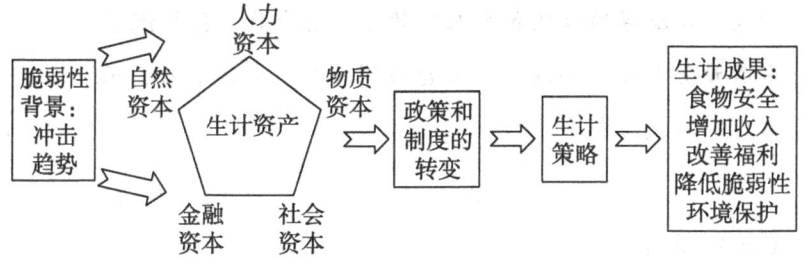

图7 DFID 可持续生计分析框架

在这个可持续生计分析框架中,将资产分为五种,包括自然资本(Natural Capital)、物质资本(Physical Capital)、社会资本(Social Capital)、人力资本(Human Capital)、金融资本(Financial Capital)。具体分析如下。

1. 自然资本:主要是指可利用的自然资源,如土地、水和水产品、树木和林产品、野生动植物、环境服务等,可直接用于生产或消费。

2. 物质资本:指长期存在的生产性物资,包括生产资料和基础设施两类。(1)基础设施,国家提供的准公共产品部分可无偿使用,(2)工具和技术,可以提高生产效率通过有偿交易获得。

3. 社会资本:是指社会互动中基于信任的参与、互惠和人际网络的社会资源,如亲戚、朋友、家族、邻居等社会关系网和社会组织,信任与互助、正式和非正式团体组织成员、公共准则和约束力等水平社会关系,以及参与决策、领导能力等垂直社会关系(高晓巍和左停,2007)。

4. 人力资本:指个体拥有的用于谋生的知识、技能以及劳动能力和健康状况(Camey D,1998)。

5. 金融资本:是指用于购买消费和生产物品的现金

以及可以获得的贷款和个人借款等流动资产,包括流量和存量两部分。如储蓄、工资报酬、养老金、汇款、正式或非正式借贷等。

(三) 关系

Amy Conley Wright (2016) 在《从国际视野看社会工作与社会发展——发展性社会工作策略》中的社会资本投资部分提及了日本的世代交流计划 (Productivity by Intergenerational Sympathy) 并认为其是社会资本投资的范例,其中讲到构建世代间、同伴间的关系,并建立人与人之间的信任与联结。所以研究者认为在图6中 Amy Conley Wright (2016) 提及的关系维度应该倾向于资本中的社会资本的具体化,例如社区联结与社区关系。

社会资本指服务对象的社会关系资源,包括亲属之间的亲缘关系、同事之间的业缘关系、商品交换产生的物缘关系、同乡之间的地缘关系和上下级领导的垂直关系,以及有共同利益的水平关系。帕特南(2001)认为社会关系网络能够增强个体之间的信任,提高集体行动的能力,从而可以提高人们之间的互惠水平。例如增强社区的团结和安全感,特别是通过社会关系网络能够增强居民的抗风险能力,提高生活质量。居民的社会关系网络规模越大水平越高,拥有社会资本越多。

有关网络与社会支持方面,《现代社会工作理论》一书中提到当精神病院被去制度化之后,社会支持系统内发展中的网络(Developing Networks) 作为对孤立人群的一种支持方式,出现在精神医疗工作中。有效的社会支持不仅需要有计划的正式支持群体,而且需要使非正式的或原生的照顾者去帮助那些有需要的朋友、邻居和家庭成员 (Payne, 2005),如图8所示。

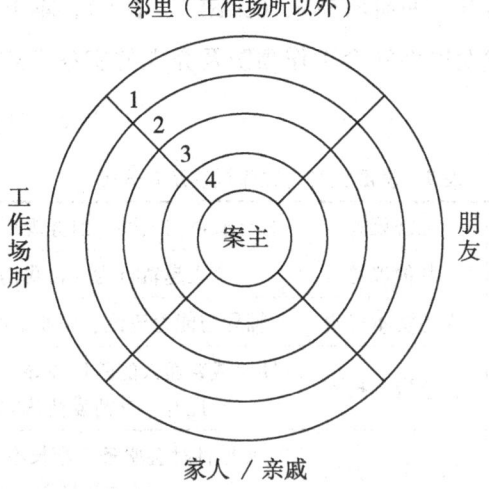

图8 社会网络图（宋丽玉，2017）

（四）本项小结

从前文可以看出，发展性社会工作的分析架构主要通过整合一些社会工作理论的操作手法，从困境儿童的优势、资产、关系三个方面比较分析困境儿童的可介入服务，形成合适的分析框架，以便更好地为服务对象进行服务。

第三节 介入困境儿童的实务模型

一、实务面向与架构

（一）架构概览

基于吴骏（2016）建构"个人层次——经济层次——社区层次——社会层次"的发展性社会工作实务模式（见图5），并参考 Amy Conley Wright（2016）在《从国际视野看社会工作与社会发展——发展性社会工作策略》一文中所建议三个层次的儿童福利实践发展性方法（见图6），以及 Leila Patel（2015）提出的关于发展性社会工作实务的两阶段模式（见图4、表6），本书尝试构建本土化困境儿童发展性社会工作预防及介入的实务模式，具体措施如表9所示。

表9 发展性社会工作板块及其分类

个人层面	危机处理	经济议题	社会救济与救助、财务规划与储蓄等
		其他议题	个人越轨行为、自我伤害等
	资产建设	人力资本投资	辅导与能力建设、职业生涯规划等
		社会资本投资	朋辈或普通人的陪伴辅导、自我认知提升、友情爱情认知等
家庭层面	巩固家庭资本	强化危机处理	复原性社会服务，家长不当行为、药物滥用等
		强化人力资本	提高家长教育程度、提升教养知识水平、巩固监护能力等
		强化社会资本	自助互助小组、避免社会孤立等
		强化财务资本	最低生活保障、就业促进、小型与微型企业创业等
社区层面	社区家庭联动①	社区支持	志愿者组织与探访、早期干预、社区康复资源、居家照顾等
		社区照顾	社区托幼托顾、社区照顾等
		社区预防	社区网络员对亲职压力的觉察、社会工作热线等
	多目标社区中心	社区咨询	固定咨询点
		社区矛盾调解	社区矛盾调解
		社区剧场与社区故事叙述	社区媒体、大众媒体
	社区教育	以充权为目标的社区教育	公民教育、能力建设、社区与青年服务
社会层面	福利项目	社区监督	设计与执行、监测与评估、行动研究
	意识提升	组织、动员与网络建设	在服务不足地区拓展服务
		权益教育	法律权益倡导、保护与促进权益

① "社区家庭联动"兼具"家庭层面"与"社区层面"的特点。

（二）个人层面

根据前文所述，本书尝试将个人层面的服务分为危机处理及资产建设两大层次。如 Payne（2005）所讲，尽管这些方法的焦点在社会层面而不是在个人层面，但本质上是改良主义，是寻求在现有社会秩序中的改善而非变革，服务目标的设定也就通常是"反身性—治疗性"的。

危机处理涵盖经济问题，即社会救济与帮助、财务规划与储蓄等，以及个人越轨行为、自我伤害等其他问题。资产建设可分为人力资源投资与社会资本投资两个方面。人力资源投资包括辅导与能力建设、职业生涯规划等；社会资本投资包括朋辈或普通人的陪伴辅导、自我认知提升、友情爱情认知等。

（三）家庭层面

在家庭层面，发展性社会工作包括巩固家庭资本和社区家庭联动（社区家庭联动为中间变量，既属家庭层面又属社区层面）两个大方面的工作，其中巩固家庭资本包括：①强化危机处理：复原性社会服务，家长不当行为，药物滥用等；②强化人力资本：提高家长教育程度、提升教养知识水平、巩固监护能力等；③强化社会资本：自助互助小组、避免社会孤立等；④强化财务资本：最低生活保障、就业促进、小型与微型企业创业等。

（四）社区及社会层面

社区层面涵盖社区家庭联动、多目标社区中心、社区教育三大方面。家庭作为社区的重要分子，在对困境儿童的保障与帮扶中，社区与家庭联动是不可分割的；另外社区更侧重于社区照顾、社区预防两个方面。多目标社区中心，是发动社区扩展能力的主要层面，涉及社区咨询、社区矛盾调节、社区剧场与社区故事叙述等具体内容。社区教育的核心理念是以充权为目标，包括公民教育、能力建设、社区青年服务等。

社会层面分福利项目、意识提升两个层次。福利项目包含设计与执行、监测评估、行动研究等。意识提升包含组织、动员与网络教育，以及权益教育。

二、具体实务方法

（一）面向未来的任务目标设立

《2020年社会工作综合能力（中级）》首先指出"尽管人们对发展性社会工作还缺乏统一的认识，在许多概念、关注焦点上都还存在不同的观点。但是这都不影响发展性社会工作作为一个独特的理论视角在社会工作实务各领域产生影响。"其后又给出人和社会的协调发展、社会融合和正常化、以社区为场景以及投资策略等观点的介绍（全国社会工作者职业水平考试教材编委会，2020）。所以结合前文的文献分析，笔者认为发展性社会工作作为一个新兴理论视角和实践模式，在服务过程中尤其需要整合运用一些传统的技术，例如，根据Payne（2005）所著 *Modern Social Work Theory* 中所介绍的"任务中心个案工作模型"，如图9所示。

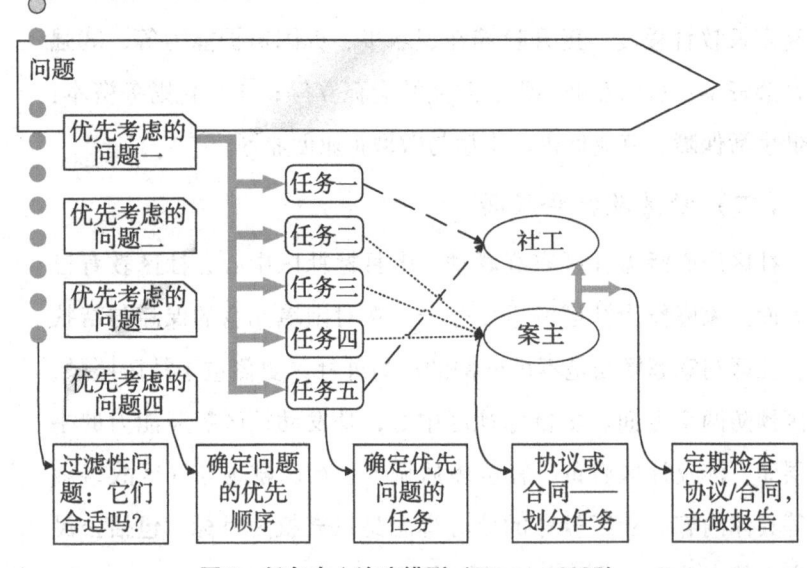

图9 任务中心治疗模型（Payne，2005）

在直接介入过程中，除了传统的任务（例如后文服务/研究对象小孙的心理卫生社会工作领域的焦点）外，首先根据困境儿童未来会遇到的各种人生境遇设立任务类别如升学、就业、租房、交通等规范性需求（Normative Need）或者说是必然的人生遭遇；然后针对每一分类自我评估后，设立具体目标，如针对有需要的困境儿童，提供四步目标设定"秘密小手账（我的钱去了哪）""快乐私储蓄（我的存钱目标）""收支好盘点（我量入定支出）""计划心生活（我的消费新习惯）"；最后针对每个任务再设立达成等级自评表等。

综上基于任务中心治疗模型，结合发展性社会工作理论视角和实践模式可以设计出一套服务对象使用的任务分解与自我评估表，用以作为发展性社会工作介入困境儿童的操作工具。

（二）由浅入深的社会资本构建

如前款所说，发展性社会工作的主要聚焦点有"人和社会的协调发展""社会融合和正常化"；又如前文所述，Amy Conley Wright（2016）等都认为"社会资本构建"是发展性社会工作的有效介入手段；同时发展性社会工作作为一个能将微观社会工作服务与宏观社会工作连接成一体的整体视角（全国社会工作者职业水平考试教材编委会，2020）为社会工作干预提供了一个广阔的社会焦点来帮助弱势群体，比侧重于人际的系统理论广阔的多（Malcolm Payne，2005）。

因此，在发展性社会工作介入的过程中，笔者尝试着进行便于困境儿童理解的由浅入深地描述与操作。具体表现为，介入初期会与困境儿童一起寻找"战友""闯关伙伴"等，用贴合儿童年龄层次的词汇一起探索。例如，通过"你不会也不用孤军奋战，召集战友，建立你迈向独立生活（自我照顾）的支持团队！"作为引入语，如类似下列阐述：

★开始迈向独立生活（自我照料）后，你可能会发现这场游戏没有当初所想的轻松好玩，有时候觉得孤独、寂寞、很疲惫，出现"卡关"的状况，事实上，迈向独立（自我照料）的过程从来不是"自己一个人的事情"；相反的，应该是一种"相互依存"的过程，每个人都需要其他人的陪伴与支持，才能顺利通过每个关卡的挑战。

★因此，建议聪明的你想一想：你身边有哪些人已经成功完成这场游戏的挑战（已经顺利成为真正的大人）？有哪些人在你卡关的时候会陪伴你、给你建议或协助？你心中是否出现某些人的脸庞？请记住他们，因为他们就是你的重要战友，也是你自我照料的支持团队！未来在自立生活遇到困难时，别忘了这些支持你的人喔！请在下表将你认为会成为你自我照料支持团队战友的人打√！

☐政府部门　　　　☐社区工作人员　　　　☐社会工作者
☐安置机构　　　　☐安置机构的保育或辅导老师
☐亲生父母　　　　☐寄养父母　　　　　　☐兄弟姐妹
☐其他亲戚　　　　☐同学的父母　　　　　☐学校老师或教练
☐雇主（老板）　　☐工作同事　　　　　　☐其他
☐庙宇或教会等宗教组织成员

（内部参考资料，2019）

在介入过程中，即每个具体"任务"中，又将"战友""头号战友"这些词汇放在自我评估的前面，潜移默化地协助困境儿童构建自己的社会资本。当然仅仅这一部分是必然不够的，因为这些远没有脱离社会支持系统的窠臼。所以在介入过程后期，用"人际""爱情"讨论恋爱交友相应技巧，并结合讨论"住行"时，进一步延申讨论"社区""共同体"与"同温层"等。

（三）微型社会缩影的小组运用

基于发展性社会工作的特点，虽然本书所列举各个案例没有讨论小组介入方面的内容，但是为了文章叙述的完整性，在此枚举几个基于符号互动论与镜中自我理论的协助小组成员协调个人与社会的关系，面向未来进行自我投资等。例如，图10中的"少年财务识读能力养成小组"为台湾辅仁大学金融社会工作教育推广中心的培训课程之一，该小组流程设计的理论基础为镜中自我理论，基于小组的微型社会缩影的属性，为小组成员提供密切互动与真实的反馈，融入发展性社会工作的理论视角和服务对象所需的能力体系，从而实现最终服务目标。

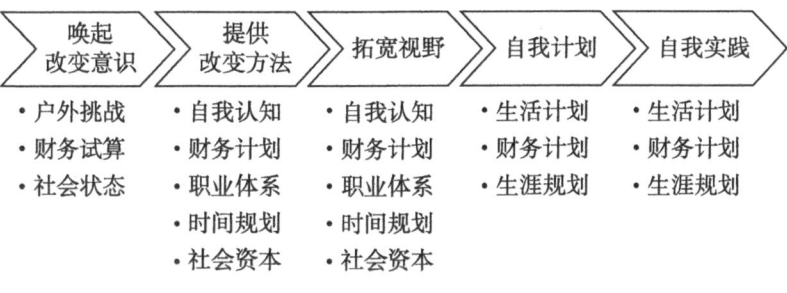

图10 少年财务识读能力养成小组流程❶

（四）本项小结

综合前文分析，发展性社会工作实务分析与介入内容主要有："能力""资产""关系""人力资本""社会资本""就业""自顾（即创业）""资产积累""改善物质福祉""社会融入""更强的个人、家庭、社区""自然资本""物质资本""金融资本"等，按时间远近，可以归类如下：①今天：能力、人力资本、自然资本；②明天：社会资本、物质资本；③将来：就业、创业、金融资本。

笔者在实务中结合本项中的介入思路，演绎归纳为"去哪儿?""在哪儿?""有什么?"三个主题，分别协助困境儿童规划"将来"，聚焦"今天"、准备"明天"，实现成功迈向独立的生

---

❶ 根据2016年邱淑芸于台湾辅仁大学金融社会工作教育推广中心讲述的课程内容整理绘制。

活。其中"去哪儿"分为"升学篇""就业篇""理财篇"等三个人生任务,协助探讨将来生活所需的"人力资本"积累、"物质资本"获取、"金融资本"与"资产积累";"在哪儿"也分为"自我篇""健康篇""法律篇"三部分内容,一起分析现在的能力并开始构建人力资本等;而"有什么"的三个篇章则用生活中的小情境,来讨论"住行篇""人际篇""爱情篇",协助困境儿童科学的认知生活中的经济和情感议题。

第三章 需求分析与服务建构

第一节 困境儿童需求分析

一、困境儿童需求的研究概述

对不同类型困境儿童群体福利需要的研究，主要集中于孤儿、流浪儿童、残疾儿童、贫困儿童、流动和留守儿童等六大群体（陈晨，2013；薛在兴，2009；江兰等，2013；陶传进、栾文敬，2011；周皓、荣珊，2011；闫伯汉，2014）。目前困境儿童需求研究呈现出三个特点：一是单一类别困境儿童的需求研究较多，而不同类型困境儿童需求研究较少；二是不同年龄段的困境儿童需求研究具有不平衡性，集中于对某些年龄段困境儿童的需求研究，如义务教育阶段后16~18周岁的大龄困境儿童的需求研究相对较少；三是同一地区困境儿童的需求研究较多，而跨地区困境儿童需求研究较少。困境儿童福利需求的满足是制定和推行困境儿童福利政策与服务的出发点和根本点，因此，通过不断深入和细化困境儿童福利需求研究，对不同类型、不同年龄段、不同地区困境儿童群体需求进行界定和测量，发现福利需求的共性和特殊性。

另外，困境儿童权利的实现，应以构建困境儿童福利制度为基础。通过对16周岁以上受艾滋病影响儿童的职业教育服务项目的评估分析，张长伟指出，因为项目基于困境儿童福利需求满足为本，采取了将困境儿童作为被动的福利接受者的做法，设计的培训服务项目并不适合困境儿童实际的职业需求，因而应采取保障困境儿童权利实现的视角（张长伟，2013）。但本书并不认为儿童需求满足视角和儿童权利视角相冲突，而是相辅相成的。依据儿童权利理论，儿童是平等、独立、自主的生命主体，具有生存权、受保护权、发展权和参与权四项基本权利，其权利的实现有赖于作为责任主体的国家、社会、家庭的共同努力，需要儿童福利制度的保障。谢琼认为，困境儿童权利受损的根本原因是福利保护不充分，完善困境儿童福利制度可以促进儿童权利较好实现（谢琼，2013）。

综上，目前关于困境儿童需求的研究非常多，但是由于时间截点问题，大多不能完全概括当下困境儿童范畴下的所有困境儿童。所以本研究根据英国学者 Bradshaw（1977）对需求进行的归纳，基于规范性需求（Normative Need）、自觉性的需求（Felt Need）、表达性需求（Expressed Need）、比较性需求（Comparative Need）等四种类型进行分析。

二、规范性需求

根据社会工作职业水平考试官方教材，将儿童的需求分为以下四种。

（一）生存需求

生存需求包括生命存在的需求和社会存在的需求两方面：其中生命存在的需求即获得基本生活照料，包括养育照料和可获得的最高水平健康医疗照料；社会存在的需求即获得社会身份，包括姓名、户籍和国籍等。

根据访谈发现，目前26个困境案例中的儿童除了困境儿童19小晋，困境儿童24小慧存在部分养育照料的风险以外，其他困境儿童的生存需求都基本得以解决，如困境儿童26阿毛的养父母一直以来都是倾注全力为阿毛提供健康的医疗照顾。至于社会身份方面都已经明确获得，并且获得了相应的福利身份。

据统计，案例中的26名困境儿童，属于孤儿的补贴都能每月按时足额发放到每位孤儿的监护人手中，有力地保障了孤儿的基本生活。每位困境儿童都有住房，条件不一，但都能保障基本的住房条件。在26名困境儿童现阶段生活中，除了一名脑瘫困境儿童卧床在家，其余大多在近期没有出现生病的情况，健康状况良好。监护人也都比较重视。综合调查结果可以发现，在困境儿童生存现状中，困境儿童的基本生活大体能得到保障，大多数困境儿童的衣食住行可以解决，但是也可以看到，这些困境儿童的生活水平较低，生活质量有待提高。

关于本方面部分访谈内容如下：

"跟爷爷奶奶一起住在大大（当地方言中的伯父）家，政府有孤儿救助资金，每个月有一千多块钱，学校里也会有点补贴，基本的开支是够的。"（徐某A，困境儿童12）

"学校每学年都有阳光助学金，政府有孤儿救助，日常的消费差不多够。"（朱某，监护人22）

"现在跟着叔伯爷爷住在一起，现在住在这边，等叔叔他们回家之后住的地方可能就不会太宽敞了。"（凌某，困境儿童11）

（二）发展需求

儿童发展需求也被称为儿童的成长需求，是指儿童为了身心发展需要获得的关爱、教育和引导。关于这一方面的需求除了困境儿童4蒋某、困境儿童10申某、困境儿童20何某、困境儿童25曹某以外，其他儿童都没有获得良好的家庭生活以及适当的爱和管教。

关于本方面的部分访谈内容如下:

"平时没什么交流,他就是去补习,上学,回家偶尔跟我们讲讲学校的学习情况,我们也帮不了什么忙。"(申某,监护人10)

在本研究中,走访的26名困境儿童,除一名脑瘫儿童卧床在家,其他的25名困境儿童都在接受不同阶段的教育。幼儿园及义务教育阶段的困境儿童都能够在所居住地区的幼儿园及中小学就读。义务教育阶段以上的困境未成年人大部分接受的是中专教育,其中一名困境未成年人选择靠近舅舅家的某职校读大专。关于高职教育的选择,大多数的困境未成年人表示考虑到家庭经济状况与自身的学习状况,会选择门槛稍微低一点的中职教育或者是有利于自己就业的专业。

关于本方面的部分访谈内容如下:

"在靠近家的一个九龙幼儿园,公立的,这边也有私立的,但是学费比较贵,所以就读了一个公立的,靠近家、学费少,再没有钱也不能不让孩子上学。"(汤某,监护人19)

"读了初中之后就没有再读高中,一方面考虑到自己的学习压力大,另一方面家里经济状况也不好,经济压力也很大,而且家里还有个弟弟,所以就选择了读中专幼师专业,想着以后出来女孩子学这个专业好找工作,可以早一点为家庭减轻点压力。要是家庭条件好一点的话肯定还是想读个好的学校,至少要读完高中再读个大专吧。"[王某(姐),困境儿童16]

"家里出事，我就读了大专，读的学校离舅舅家比较近，平时也好有个照应。"（小孙，困境儿童7）

（三）受保护的需求

儿童受保护的需求也被称为儿童免遭伤害需求，是指儿童在成长过程中需要在身心两方面得到安全保障，不受到任何人为的伤害。这些人为的伤害主要包括对儿童的虐待、忽视和剥削。

26名困境儿童中有22名困境儿童的监护人是祖辈，属隔代照顾，本研究中心由于大部分监护人的年龄过大，使得监护人在生活中和困境儿童交流有一定的代沟或者障碍，监护人的善意不能科学有效地向困境儿童传达，困境儿童成长过程中的诉求不能完全向监护人表达，双方缺乏合理有效的沟通机制，从而造成了沟通障碍，导致困境儿童在成长过程中会有孤独的感觉，不利于身心健康。监护人文化程度普遍较低，高中以上文化程度的监护人寥寥无几，大多数监护人都是初中或者小学以下的文化程度，监护人的文化程度低直接导致困境儿童成长的文化氛围不够浓厚，大多数监护人对困境儿童的教育监护仅仅局限于将儿童送进校园。监护人的文化程度低也导致了困境儿童成长发展的机会较少，困境儿童很难有诸如兴趣爱好的培养、精神层面的享受等发展性活动。

关于本方面的访谈内容如下：

"我们没有什么文化水平，他爸妈不在了，我们就只能送他去补习班了，要不平时老师布置了作业都不知道孩子做的是对还是错。"（陆某，监护人13）

"她学习上的我们不懂，送到补习班去老师能教教，我们放心。"（孙某，监护人21）

"孩子学习压力大，我们帮不上什么忙，送到补习班去比我们看着强。"（徐某A，监护人12）

如前文所述，由于监护人的文化程度不高，对儿童保护等相关内容不够了解，例如在生存需求中提及的困境儿童19小晋就有两次差点溺水身亡的经历（根据其曾祖父口述）。

（四）社会化的需求

儿童的社会化是儿童逐步了解社会、掌握生存技能的过程，是人的社会化过程中的第一步。而本研究中的26个困境儿童的社交水平则因为其年龄阶段以及家庭变故对其影响程度的不同，呈现出较为复杂的现象。

关于本方面的访谈内容如下：

"没有什么特别好的朋友，有一个闺蜜，周末有时间的时候会去她家玩。"（徐某A，困境儿童12）

"朋友就是周围的同学，有时候会去同学家玩，跟同学的关系挺好的。"（朱某，困境儿童22）

"孩子四岁的时候他爸妈出事的，之后就一直是我跟他祖父把他带大的，除了有时候看见别的孩子跟爸爸妈妈在一起想要爸爸妈妈之外，他跟其他孩子都玩得来，学校里也有朋友。"（陆某，监护人13）

"朋友找我玩我就去，他们不喊我的话我也不会主动去找他们玩，没有特别好的朋友。"（小孙，困境儿童7）

"在学校没有朋友，他们都会嘲笑我，嫌弃我长得丑，不愿意跟我玩……"（沈某，困境儿童18）

"我有好多好朋友，在学校里有，在家附近也有，经常会一起玩。"（徐某B，困境儿童15）

"她特别黏我，平时特别内向，也就跟亲戚家的一个差不多大的孩子玩得来，其他的没有什么朋友。"（华某，监护人23）

在走访的 26 名困境儿童中，0~7 岁的有 2 人，8~12 岁的有 8 人，13~15 岁的有 12 人，16~18 岁的有 4 人，其中大多数还处于义务教育阶段，目前的重心还在学习上，参与家庭事务的机会并不多，且由于监护人大多是祖辈，与困境儿童的交流受到一定的限制。

具体访谈内容如下：

"祖父祖母一般不会和我说一些家里的事，最多在聊天时会说下最近要干嘛了，我也就是听一下。"（宋某，困境儿童8）

"我每两周回家一次，祖父祖母一般也不会和我说这些，可能是怕影响我学习吧……"（陈某，困境儿童3）

"我们一般不会和他说家里的事，他还在上学嘛，还是个孩子，跟他说了也没用。"（李某某，监护人9）

由于大多数困境儿童生活在农村社区，而农村社区中居民普遍参与社区事务的积极性并不高，且社区提供的成年人参与机会也不多，更遑论是未成年人了。

具体访谈内容如下：

"社区也没有什么活动，我没有参加过什么社区的活动。"（曹某，困境儿童25）

在学校中，由于学校会组织相关群体活动，大多数困境儿童有参与过学校活动的经历，比如说运动会、班级建设等。

具体访谈内容如下：

"学校的运动会我参加过，就是跑步，老师从班级里

选出几个，我跑得比较快，被选上了，参加运动会还得了第二名。"（徐某B，困境儿童15）

（五）本项小结

就规范性需求来看，参与访谈的 26 个困境儿童同质性较高，生存需求大多得以满足，但发展性需求大多存在一定的缺失，在受保护需求方面，困境儿童监护人觉得对孩子的保护足够，但是在社会工作者看来却存在较大风险；而社会化需求方面，则是不同年龄阶段有着不同的情况，而且与其家庭发生变故时间有着一定的关系。

三、自觉性需求与比较性需求

（一）自觉性需求

自觉性的需求（Felt Need），是指个人根据感觉和经验所希望得到满足的需求，是个人欲望、目标等的体现。

基于学识和见识的有限性，困境儿童及其家长的自觉性需求一般都集中在经济问题（生存需求）和教育问题（发展需求）。如前文所述，很多困境儿童家长都为了提高孩子的成绩送其去补习班，即使家庭经济条件不太好也会尽力去培养。

关于本方面的访谈内容如下：

"反正她祖父看门，我主要是看苗苗。晚上八点半补课结束后接回家，上学送到学校去，年前寒假补课补了五天，年后就是等着开学，不去补课的话我们不懂。她现在不好好吃饭，老是看手机，让她吃饭她就是看手机，不听话。有时候还会肚子疼，带她去检查过，上次去的时候人家医院主要的医生放假了，去刁铺看了一下，过了会儿又好了。平时没有打过她,年龄小,女孩子,也舍不得打,这学期考试英语考了92分,语文数学她不知道考了多少,估计是考得分数太低了不好意思跟我们说吧。英语成绩好是因为暑假的时候给她补了一个暑假的课,一个月一千五百块,只补了英语,不然就在家里玩了。"(孙某,监护人21)

"平时就我照顾她,我们关系还不错,她会和我说学校的事,我也会和她说家里的事,毕竟她也大了,我们家庭也特殊,有些事情要和她说的,……对她的管教有时候还是挺严的,我把全部希望都放她身上了,希望她能有成就。"(曹某,监护人25)

而困境儿童家庭内部,困境儿童的监护人(尤其是祖父母)大多数非常注重亲子关系,希望亲子之间多一些沟通。

具体访谈内容如下:

"就是这个孩子不懂事,不了解我心里的苦。我就一心想着他爸爸早点回来,他还问我为什么。我就一心盼着他爸早点回来,这样这个家庭才有盼头。"(沈某,监护人18)

"肯定是跟他祖父关系更好,他买零食给她吃,平时还把手机给她玩,我的这个手机不行了,我也想买一个智能机,现在这个手机不行了……"(孙某,监护人21)

同样,在访谈中也可以看出部分困境儿童家庭中,部分监护人非常满意目前的亲子关系。

具体访谈内容如下:

徐祖父："哦，我之前就已经跟你们讲过了，我呢，之前就是肺癌，去年在肺里面放了支架，今年也放了支架。每个月都要吃药，一个月吃药就得一千多块钱。"/徐某A："谁让你抽烟的？"/徐祖父："我也没怎么抽啊。"/徐某A："你昨天没有抽烟吗？我看见了，让你把烟掐了你不掐，谁让你抽烟的，有时候让你吃药你也不吃。"/徐祖父："有时候人家给我一根烟，一起打牌的人一起的，给我一根，我就抽一点吧，药不是天天都吃的吗。"/社会工作者："君颖还是挺关心祖父的，看见祖父身体不太好还是比较着急的。"/徐祖父："是哦，她不让我抽烟。"（徐某A，困境儿童12）

（二）比较性需求

比较性需求（Comparative Need），是指通过与那些具有相似处境、相似特点的个人或者群体进行比较，个体或者某一群体发现自己获得的比其他人要少，由此产生的需求。

在访谈中，几乎所有的困境儿童都能安于现状，并不与其他同龄人进行比较，当然也有可能是不愿意在社会工作者面前表达出来。但是困境儿童不自觉的会和自己的过去进行比较。

具体访谈内容如下：

"平时都是跟祖父祖母要钱，他们会给我，但是自从爸爸妈妈出事之后钢琴培训班什么的就都停了，补习班也不上了，其他的开支没有，就是基本的吧。"（朱某，困境儿童22）

"你上过辅导班吗？"/"不上，也没怎么上过，就是暑假会去，上了初中后就没去了"/"你觉得祖父祖母平

时对你严不严?"/"因为自己的路自己走嘛,就是他们再怎么严也没有用"[王某(姐),困境儿童16]

(三) 本项小结

综上,目前,案例中所有的困境儿童及其家庭最直观的意识是家里比较贫困,需要钱,部分家庭意识到孩子读书才有出息,"再穷也不能穷教育",极少数意识到家庭亲子关系需要整合和加强,而其他方面就基本意识不到了。

四、表达性需求与社会舆论

在访谈中,困境儿童及其家长关于需求的表达都比较含蓄,甚至很多家庭对规范性需求不够了解,仅仅关注经济议题和教育议题。而且就新闻中的各类事件来看,有关儿童的各类新闻都是个体性新闻,没有类似环保维权、拆迁维权等方面的群体性事件,这也许是政府对于困境儿童帮助服务的力度不足的原因,尤其是民政以外的部门都会将儿童方面的服务排到比较后面的位置。目前对贫困家庭的社会救助的资金支出总状况是省、市级政府给政策,区、县级政府支付钱款。这种社会援助资金偏向于成年弱势群体,如残疾人、五保户等,而困境儿童则是弱势群体中的弱势群体。因此,对他们救助的政治支持不高,政府和相关机构的资金投入不足"。当然就目前来看,这种情况在2016年以来已经有了很大改变,尤其是2018年民政部儿童福利司设立以来变化尤为明显。

第二节 政策覆盖与需求回应

一、政策覆盖与变迁

(一) 持续扩容与精细化

如前文所提政策变迁过程,2015年泰州市出台困境儿童相关政策之时,因缺乏实践和经验借鉴,采取了直接援引上级文件的方式,例如困境儿童的定义与分类如下:

(1) 孤儿,指失去父母或查找不到生父母的未满18周岁的未成年人;

(2) 监护人监护缺失的儿童,主要包括:父母双方长期服刑在押或强制戒毒的儿童;父母一方死亡或失踪(人民法院宣判或公安机关证明,下同),另一方因上述情况无法履行抚养义务和监护职责的儿童;

(3) 监护人无力履行监护职责的儿童,主要包括:父母双方重残(2级以上残疾,下同)、重病(参照泰州市区医疗救助实施意见的规定)的儿童;父母一方死亡或失踪,另一方因重残或重病无力抚养的儿童;

(4) 重残、重病及流浪儿童,主要包括:重残儿童;患重大疾病儿童,包括艾滋病病毒感染、白血病(含再生障碍性贫血、血友病)、先天性心脏病、尿毒症、恶性肿瘤等重大疾病,以及医保政策规定的住院和门诊治疗费用1年中自付部分超过2万元的疾病;长期在外流浪儿童;

(5) 其他需要帮助的儿童,包括受侵害和虐待的儿童、单亲家庭儿童、失足未成年人、家庭生活困难的留守儿童等。(泰州市政府办公室,2015)

到 2020 年经过五年的实践、创新与总结，困境儿童的分类与外延有了精细化的扩充，原文如下：

（1）孤儿，是指失去父母或者查找不到生父母且未被依法收养的未成年人。主要包括：弃婴，弃儿，父母双方死亡、失踪的儿童，父母一方死亡另一方失踪的儿童；

（2）事实无人抚养儿童，是指父母双方不能完全履行抚养和监护责任的儿童。主要包括：特困供养儿童，父母双方均符合重残（一级和二级残疾或者三级和四级精神智力残疾）、重病（患有符合低收入家庭"单人保"认定的大重病目录中的病种且需要长期治疗）、服刑在押、强制隔离戒毒、被执行其他限制人身自由措施、失联情形之一的儿童，或者父母一方死亡、失踪，另一方符合重残、重病、服刑在押、强制隔离戒毒、被执行其他限制人身自由措施、失联情形之一的儿童；

（3）重残、重病儿童。主要包括：一级、二级残疾和三级、四级精神、智力残疾儿童，以及三级以上预防接种异常反应残疾的儿童；经基本医疗保险三级定点医疗机构诊断的，患有符合低收入家庭"单人保"认定的大重病目录中的病种、儿童先天性心脏病、颅内良性肿瘤，以及医保政策规定的住院和门诊治疗费用 1 年中自付部分超过 2 万元的患病儿童；

（4）贫困家庭儿童。主要包括：最低生活保障、低收入家庭儿童；

（5）其他需要帮助的儿童。主要包括：遭受侵害和虐待的儿童，失足未成年人，流浪儿童、遭遇突发事件、

意外伤害或者其他特殊困难陷入困境的儿童。(泰州市政府办公室，2020)

具体的整合与扩展主要包括：每个分类都根据本地的经济社会发展水平进行了一定的扩容，尤其是"贫困家庭儿童"这一分类的加入，使得覆盖面大范围拓宽；其次在分类的细节上则结合实践过程进行了简化与整合，去除了一些模糊地带，使得基层操作更加明晰顺畅。

(二) 直面现实与从"有"到"好"

关于儿童工作政策的关注与发展在学界由来已久，但对于政策的落实者——基层村（社区）来讲却可能是全新的，例如有些人"天然"的认为困境儿童及其家庭应该是贫困的，"XX家啊，最近不在家，去日本给孩子治病了，他家那么有钱，怎么算困境呢，以前哪有这样的政策"。对于基层村（社区）另一个巨大的挑战则是体系庞杂且数量巨大的政策文件，由于困境儿童是一个孤儿、残疾儿童、贫困儿童等的集合概念，所涉及各类法律法规必然会比较分散，且大多依附在其他法规政策上；2017年泰州市相关部门整理的抽出条文式❶的儿童政策汇编，就已经足足有686页，近50万字，学习压力可见一斑。但是基于行政的效率要求以及尽快服务困境儿童的初心要求，地方政府首先会根据上级要求进行一个自上而下的政策制定，以尽快落实政策，达成先"有"的层次。这一阶段相关政策一般直接援引上级各部门的政策要求，内容多为纲领性、原则性的，甚至出现口号式语句，缺乏本土特色，前文的政策文本发展的对比亦可说明这一点。

回看新旧政策的变化，进一步说明了地方的相关政策以及公

---

❶ 例如《婚姻法》等涉及儿童却有与儿童利益无关条文的法律法规，只抽出其中与儿童项关条文，不进行全文收录。

共服务必然会迈向"好"这一阶段。这个"好"不仅仅体现在前文的困境儿童分类的扩容与政策精细化,也不仅仅是应对基层能力不足而提出的专人专岗与培训考核,具体文件表述如下:

> 第三十条 各乡镇(街道)应当明确1名专(兼)职儿童督导员负责本乡镇(街道)儿童关爱服务工作。每个村(居)委会至少设立1名儿童主任,负责困境儿童保障政策宣传和日常工作。
>
> 分层次、分批次开展儿童督导员、儿童主任业务培训工作,市民政局负责乡镇(街道)儿童督导员、市(区)民政部门负责村(居)儿童主任的培训,每年至少轮训一次。
>
> 通过政府购买服务的方式引入专业社会组织,对儿童督导员和儿童主任的工作进行跟踪、评估和专业督导。市(区)民政部门应当定期组织考评,对工作成绩突出、工作落实到位、工作成效明显的儿童督导员和儿童主任予以表彰和奖励。对工作责任心不强、工作不力的及时做出调整,对发生极端事件的要依法追究相关人员的责任。(泰州市政府办公室,2020)

毕竟上述的两项政策变化只是一种成果表现,真正需要被看到是两个政策文件之间的实践过程。例如本书中的研究(服务)对象都来自泰州市的困境儿童及相关服务的购买项目,在这些服务过程中服务对象及其家庭、社区居民乃至基层村(社区)工作人员在发展性介入视角下以服务对象为中心联动起来,这种联动机制一方面形成了由服务对象和其周围群体参与的自立自主成长系统,另一方面又通过其参与和反馈影响到下一阶段的政策制定,这种自下而上的民主参与过程,也算是全过程民主在地方行政政策制定中的一种体现。这样一个过程不仅仅带来服务对象的参与，而且在困境儿童服务的多维社会力量上也有了较大的飞跃，例如在社会工作等专业服务方面，2015 年仅有"要引导社会组织、企事业单位和个人通过慈善捐赠、公益活动、志愿服务等方式开展内容丰富、形式多样的困境儿童关爱活动（泰州市政府办公室，2015）"等为数不多的相关话语，而在 2020 年的文件中就有了多段详细阐述，例如其中的"第三十一条"。

（三）观念突破与多元合作

1. 观念突破与主动作为

在历史的沿革和传统文化的双重影响下，目前还残存着所谓的"家庭儿童观"，认为父母和家庭应承担抚养年幼儿童的主要责任，儿童的利益依赖于家庭利益，儿童近似是父母的私有财产。这种观念一方面肯定了在儿童抚养、照顾中家庭应承担义不容辞的责任，但是另一方面却忽视了儿童的个体权益，使得儿童利益被放在家庭里面统一对待。不过早在 2015 年版的相关政策中，服务领域、主体等方面都已经突破了传统的框架：服务领域方面，政策不仅积极落实保障了困境儿童的基本生活，也将服务工作开展到教育、医疗、监护、法律等领域；服务范围方面，将事实无人抚养儿童、受艾滋病影响的儿童、残疾儿童、流浪儿童等特殊儿童纳入服务范围；服务主体方面，政府不仅精细化了困境儿童服务的途径和方式，还整合资源，倡导社会化服务，将服务的主体从家庭和政府拓展到社会维度，这也恰好符合发展性社会工作的理念。再看 2020 版的政策文件，其中用"第九章　关爱服务体系建设"一章的篇幅，构建了包括政府相关部门职能转型、社会力量参与方式，以及落实到个人的结对机制。其中未成年人救助保护等相关机构的职能转型还展现出一种主动服务、主动担责的"政府主导"思想。具体文件表述如下：

第二十九条　推进未成年人救助保护机构转型升级，提升关爱服务能力，及时为各镇（街道）、村（居）委会开展困境儿童关爱保护工作提供政策指导和技术支持。

完善市儿童福利机构养、治、教、康等服务功能，并逐步将相关服务功能向社会开放。各市（区）应当在儿童福利机构或者未成年人救助保护机构设立儿童福利指导中心，为农村留守儿童、困境儿童家庭开展临时照料、康复指导、特殊教育、精神慰藉、定期探访、宣传培训等服务。

乡镇（街道）应当将困境儿童关爱服务纳入社区公共服务体系建设。乡镇（街道）应当建有1家以上农村留守儿童和困境儿童"关爱之家"，并由专业的社会组织负责运营。（泰州市政府办公室，2020）

2. 社会力量与多元合作

除了政府的主动作为外，现有政策中大篇幅强调专业社会组织以及专业人员的作用，充分肯定多元社会力量的重要性，并用"鼓励""支持"等词汇表达出政策方向。部分条款表述如下：

第三十一条　鼓励通过政府委托、项目合作、重点推介、孵化扶持等多种方式，积极培育和发展儿童服务类社会工作服务机构、公益慈善组织和志愿服务队伍。

市（区）政府应当将农村留守儿童关爱保护和困境儿童保障纳入政府购买服务指导性目录，重点购买热线运行、精准排查、监护评估、精准帮扶、政策宣传、业务培训、教育引导、家庭探访等关爱服务。加大向社会组织购买心理关爱服务力度，有针对性地为精神关怀缺失、遭受家庭创伤等儿童提供人际调适、精神慰藉、心理疏导等专业性关爱服务。

支持社会工作者、法律工作者、心理咨询工作者等专业人员,开展心理疏导、亲情关爱、权益维护等服务。倡导企业通过结对帮扶、慈善捐赠、实施公益项目等多种方式,加强困境儿童及其家庭的救助帮扶。(泰州市政府办公室,2020)

社会组织常见翻译有两种,一种是 Non-Governmental Organization(非政府组织),简称 NGO;另一种 Non-Profit Organization(非营利组织),简称 NPO。虽然在民办非企业登记证书的封底上印有 NGO 的字样,但从运作方式、财务制度等方面来看笔者更赞成 NPO,而没有必要去强调非政府性,作为提供社会服务、解决社会问题的社会组织,接受党和政府的领导,才能更高效、有力地服务好包括困境儿童在内的各类特殊群体,与其共同成长。结合各地情况来看,随着整体生活水平和教育程度的提升,公民个人参与社会服务的意识正在增强,积极性也不断提高,尤其因为困境儿童的特殊性和服务的易显性,普遍会积极响应政府有关困境儿童方面的倡导。有的通过创办服务困境儿童的专业组织;有的以志愿者身份参与各类儿童救助保护事宜;有的发挥家庭功能寄养乃至收养困境儿童。而作为专业社会工作服务机构,在这其中发挥的功能尤为重要,比如自 2017 年起笔者开始运用发展性社会工作相关理论方法服务困境儿童,以及有关社会发展视角下的个案管理探索与研究,对相关政策修订也产生了一定的影响,例如下文摘录的"第三十二条"是通过个案管理模式实现服务对象需求满足的❶。

---

❶ 由"六个一"中的专业社会工作者评估服务对象及其家庭的需求,整合另外"五个一"的力量,协调、评估和倡导一套包括多维度、多层次的复合服务,以满足困境儿童的复杂需求。

第三十二条 乡镇（街道）牵头，融合基层民政、教育、卫生健康、司法行政、关工委、专业社会组织等力量，建立一名困境儿童由一名儿童主任、一名专业社会工作、一名教师妈妈、一名法援律师、一名家庭医生、一名"五老"志愿者组成的结对机制，跟踪开展成长关爱服务，帮助链接有效资源。

各级群团组织应当积极开展困境儿童成长指导服务，组织困境儿童参与各类公益和团体辅导活动。（泰州市政府办公室，2020）

（四）本项小结

在不到十年的时间，关于困境儿童的政策从无到有，由粗到细，从对上级政策的解读落实到依据本地情况建章立制，最终构建出了一套符合本地特色的政策体系。这整个体系的构建过程中，试图先确定一个包容性强的覆盖范围多元化的执行队伍，从更为多元、广大的角度与范围确定基础，勾画蓝图。这种扩张式的覆盖有其进步性的体现，但也会暴露出更多的问题与不足，之后的实践又从暴露出的问题与不足中吸取经验，改进不足，促成政策层面的进一步完善，困境儿童的保障相关服务也就变得更有底气。

二、一般需求与政策回应

（一）生存需求的保障

1. 从单纯资助到综合服务

关于生存需求中"养育照料"方面，政府在早期制定政策之时，通常将其理解为经济问题，很多地方文件中用"完善基本生活保障制度"来回应儿童基本生活方面的需求。例如《泰州市政

府办公室关于印发泰州市困境儿童分类保障实施意见的通知》(泰政办发〔2015〕88号)中规定如下:

孤儿基本生活保障标准按照《泰州市孤儿保障办法》(泰政规〔2013〕14号)享受保障;未满18周岁感染艾滋病病毒、因父母双方服刑而暂时失去生活依靠以及因父母患有重病无力抚养而暂时失去生活依靠的儿童,按照当地散居孤儿基本生活保障标准的100%纳入保障;其他监护人监护缺失和监护人无力履行监护职责而暂时失去生活依靠的儿童,按照当地散居孤儿基本生活保障标准的80%纳入保障;家庭困难的重病、重残儿童,有条件的地区可按当地社会散居孤儿基本生活费标准的一定比例发放生活费补助;长期在外流浪被救助管理站救助的儿童,救助期间生活保障费用纳入各地救助管理经费。其他家庭困难需要帮助的儿童,其家庭符合低保条件的纳入最低生活保障,生活临时发生困难的可申请临时救助。纳入基本生活保障范围的困境儿童,其家庭生活水平应低于所在地乡镇(街道)、村(居)居民家庭平均生活水平。已享受其他生活救助的困境儿童,按照就高不就低的原则,不重复享受。享受基本生活费补助的困境儿童,按照社会救助和保障标准与物价上涨挂钩的联动机制,享受动态价格补贴。困境儿童基本生活保障制度实行动态管理,所需经费由各市(区)政府承担,纳入财政预算。困境儿童申请基本生活保障的程序参照《泰州市孤儿保障办法》(泰政规〔2013〕14号)第二章第六条、第七条、第八条的精神执行。(泰州市政府办公室,2015)

随着时间的推移，观念的改变，虽然2020年发布的《市政府办公室关于印发泰州市困境儿童分类保障和关爱服务办法的通知》（泰政办发〔2020〕44号）中"资助"部分与旧文件大体一致，但还是在金额和困境儿童的范围做了区别对待，具体表述为：

> 第十二条　事实无人抚养儿童、艾滋病病毒感染儿童按照社会散居孤儿基本生活费补贴标准发放。
>
> 　　最低生活保障和低收入家庭重病重残儿童按照社会散居孤儿基本生活费补贴标准的60%发放；其他家庭重病重残儿童和最低生活保障家庭非重病重残儿童按照社会散居孤儿基本生活费补贴标准的50%发放；低收入家庭非重病重残儿童按照最低生活保障标准的50%发放。
>
> 　　按照相关政策规定为流浪儿童提供临时食宿、急病救治、协助返回等救助。对因遭遇突发性事件导致暂时性失依或者基本生活陷入困境的本市户籍儿童和非本市户籍儿童提供临时救助。（泰州市政府办公室，2020）

需要指出的是，从2020年版文件的"第八章　监护责任落实"以及"第三十四条的'司法行政部门应当深入宣传未成年人保护法律法规和政策措施，引导未成年人监护人自觉履行监护责任'"（泰州市政府办公室，2020）两点可以看出"养育照料"不再仅仅是"生活保障"这一经济概念，而开始注重更为综合的"监护责任"。

2. 从被动服务到主动出击

关于生存需求中所提及的"可获得的最高水平健康医疗照料"，调整为"强化医疗康复救助"，但以早期的政策全文仅仅提及的医疗体系的相应保障，可以看出其体现的目标是能让困境儿童看得起病，原文如下：

用足现有医疗政策资源,将符合条件的困境儿童纳入新型农村合作医疗、城镇居民基本医疗保险。将符合医疗救助条件的儿童纳入救助范围,符合省、市、市(区)儿童大病慈善救助条件的,纳入慈善项目救助范围;符合市"牵手困境儿童"免费保险项目重大疾病或意外伤害条件的,可申请保险理赔;符合市"慈善医院"医疗救助条件的,可向"慈善医院"申请入院治疗,纳入慈善医疗救助范围。医疗机构对社会弃婴和流浪乞讨未成年病人的救治,实行首诊负责制和先救治后结算制度,任何医疗机构不得延治。(泰州市政府办公室,2015)

这种近似于"只重医疗而轻康复"的情况,造成在对困境儿童26阿毛进行个案介入时,发现其家长康复意识相对浅薄,阿毛所需的康复资源也明显不足。不过这一情况在2020年得到了很大改善,文件中首先专门用了一章"第七章 康复救助服务(泰州市政府办公室,2020)"进行阐述,并在随后配套的购买服务中,提出该方面的采购需求,"(5)引导残疾儿童积极参加各级残联组织的康复训练,为他们提供政策咨询,服务指导"(泰州市政府采购,2020),切实地通过主动出击来解决类似阿毛个案中的"康复救助"保障不足的问题。

(二)发展需求的保障

儿童的发展需求主要为关爱、教育和引导三个方面,目前政府最重视的是教育和引导,通过"落实教育保障政策"中各类教育资助的实现,希望做到每个困境儿童都上得起学,尤其会通过一些单项计划将相应保障延伸到困境儿童成年之后。具体政策文本为:

实施孤、残、贫困儿童就学资助计划，落实困境儿童就学资助帮扶政策，将困境儿童优先纳入教育资助体系。政府部门和社会各界开展的助学活动，捐赠资助费用优先照顾困境儿童；普通高中助学金应当优先向困境儿童倾斜；应届考取大专以上公办学校（院）、符合市"牵手贫困学子"项目条件的市区困境儿童，纳入项目资助，实行学费"全额资助、全程资助"。实施特殊教育发展工程，加强特殊教育学校和儿童福利机构特教班建设，将不适合在普通学校就读的困境残疾儿童安排到特殊教育学校就读，对基本符合条件并有意向的残疾儿童开展残健融合随班就读试点工作。为流浪儿童、失足未成年人接受义务教育创造条件，确保所有适龄学童都能入学，保证其依法接受教育的权利。教育部门要成立困境儿童关爱组织，动员校内外力量在生活上、学习上、心理上给予关心和帮助。（泰州市政府办公室，2015）

但对于监护相对不足的部分困境儿童，其升学表现就大多不尽如人意。因为家庭教育是教育体系中非常重要的一环，当家庭监护能力不足，家庭教育也就近于零了，例如部分困境儿童就因为家庭引导方面的不足，而造成过早的辍学（例如，困境儿童6尤某等）。关于这一方面的思考，笔者认为随着家庭教育法的推行，结合社区教育及相应关爱体系的补充可以得到明显提升。例如，在2015年的政策文本中，就用"合力构建儿童关爱机制"来回应了困境儿童学校教育外的发展需求的实现，具体文本如下：

加强困境儿童思想教育和精神关爱，针对困境儿童的差别性，开展不同形式的关爱行动。对孤儿、监护人缺失的儿童、留守儿童，继续开展"冬日暖阳""社会妈妈""大手拉小手"等关爱行动，给亲情缺失儿童以母爱，培养他们的亲情感、大爱意识。深化实施"留守流动儿童安全守护计划"，推进各项关爱行动的制度化、常态化。加强志愿者队伍建设，充分发挥文明办、教育、妇联、共青团等现有平台优势，积极为困境儿童提供心理疏导，帮助他们克服成长过程中出现的生理、心理偏差，引导树立正确的人生观、价值观，养成爱国、爱家、爱生活、爱社会的优良品质。进一步完善困境儿童法律援助和司法救助机制，积极为困境儿童提供帮助，完善社区矫正教育帮扶制度，帮助失足未成年人及早顺利回归社会，开展服刑人员子女帮扶工作，提高流浪乞讨未成年人心理矫正专业化水平。（泰州市政府办公室，2015）

当然，在2020年版的文件中，又有了进一步深化与拓展，在此不再赘述。

（三）受保护需求的保障

针对儿童受保护的需求，2015年的政策文本中概括为"全面开展未成年人行政保护和司法保护工作"，并以"加大对问题家庭排查力度，强化家庭监护责任"作为具体描述的开头。具体表述为：

贯彻落实《中华人民共和国未成年人保护法》、《江苏省未成年人社会保护试点工作方案》（苏救办〔2013〕6号）精神，全面开展未成年人行政保护和司法保护工作。加大对问题家庭排查力度，强化家庭监护责任，发挥家庭监护主体作用；对尚未落实监护人的困境儿童要按照《民法通则》第十六条的规定落实监护人；对监护人不履行监护职责或侵害儿童合法权益的要实施监督干预，并根据相关规定对监护人进行处理。要加大针对未成年人违法犯罪行为的打击力度，依法处置虐待和故意伤害未成年人案件，严厉打击操纵、胁迫、诱骗、唆使、利用未成年人以乞讨、偷盗为手段的敛财和拐卖、猥亵、残害未成年人等违法犯罪行为。（泰州市政府办公室，2015）

这其中的"排查"说明其"监督保护"是一次性或者是周期性的行动，长效性难免不足。所以在2020年的文本中，将该内容转变为纳入政府购买服务指导性目录的重点项目之一，委以周期性的查漏补缺功能；同时进一步强调日常的发现报告制度，并建立健全儿童督导员与儿童主任关爱服务体系。实现工作分流，使得日常随访、及时发现和精准排查、避免疏漏等相得益彰，切实做好了困境儿童身心等多方面的保护与保障工作，例如前文引用过的"第三十条"和"第三十二条"都可以看作是常态化发现报告以及保护的队伍建设。另外需要进一步强调的是"第二十七条"与"第二十八条"，这两条与中央相关政策的条目原文非常相似，是绝大多数儿童服务领域从业人员都耳熟能详的条文，在此处的出现体现的是政策制定者对困境儿童司法保护的重视。

第二十七条　对于决定执行行政拘留的被处罚人或者采取刑事拘留等限制人身自由刑事强制措施的犯罪嫌疑人，公安机关应当询问其是否有未成年子女需要委托亲属、其他成年人或者民政部门监护，并协助其联系有关人员或者民政部门予以安排。

第二十八条 村（居）民委员会、医院、学校、社会工作服务机构等单位及其工作人员，发现儿童遭受不法侵害或者面临不法侵害危险的，应当立即向公安机关报案或者举报。

相对于"积极探索困境儿童保障服务专业人才培训，优先招录专业化人才和社会工作者充实到儿童保障服务机构，不断提升儿童福利服务的专业化水平（泰州市政府办公室，2015）"，新文件中对大政府的思路有所改变，用一个多元合作的方式来解决人力与专业困局。"鼓励通过政府委托、项目合作、重点推介、孵化扶持等多种方式，积极培育和发展儿童服务类社会工作服务机构、公益慈善组织和志愿服务队伍。"同时列明了重点购买领域，"重点购买热线运行、精准排查、监护评估、精准帮扶、政策宣传、业务培训、教育引导、家庭探访等关爱服务"（泰州市政府办公室，2020），以实现全面回应与多元满足困境儿童的受保护需求。

（四）本项小结

经过多年政策的调整，困境儿童相关政策完成了从"补充型"向"适度普惠型"福利保障制度的转变。相应的主管部门也完成了从单一部门承担到上级领导挂帅、多部门协调分工的转变。总体来说，针对困境儿童的服务贯穿了困境儿童发展的全阶段，在照顾、引导、支持和保障上，相关工作措施都已经从开始的摸索学习、打补丁似的补充完善，向功能健全、结构完整的科学化、体系化政策构建的方向转变。在此政策体系构建的过程中，现有政策执行与落实的情况将成为今后政策建设的重要依据。

三、个别化需求与政策发展

(一) 特殊群体的社会化

关于社会化的需求无论是 2015 年版还是 2020 年版的政策文件，都没有相关内容出现，因为儿童的社会化是一出生就自然发生的，并不会因为儿童陷入"困境"而发生改变。上学后，儿童又开始接受一个专业的社会化过程，所以在相关政策文本中的"教育保障"即可以对大多数困境儿童实现全面的覆盖，并且其中存在人际交往障碍等特殊情况的个体也可以通过下面引用的条文中的措施来协助其完成在成长过程中与社会应有的交互。

> 加强困境儿童思想教育和精神关爱，针对困境儿童的差别性，开展不同形式的关爱行动……积极为困境儿童提供心理疏导，帮助他们克服成长过程中出现的生理、心理偏差，引导树立正确的人生观、价值观，养成爱国、爱家、爱生活、爱社会的优良品质。（泰州市政府办公室，2015）
>
> 加强困境儿童思想教育和精神关爱，建立教师与困境儿童结对关爱制度。
>
> 加大向社会组织购买心理关爱服务力度，有针对性地为精神关怀缺失、遭受家庭创伤等儿童提供人际调适、精神慰藉、心理疏导等专业性关爱服务。
>
> 各级群团组织应当积极开展困境儿童成长指导服务，组织困境儿童参与各类公益和团体辅导活动。（泰州市政府办公室，2020）

在现实情况中，以上措施确实可以解决绝大多数困境儿童的社会化需求，并协助存在轻微社交障碍的困境儿童进行人际调适。

但是在困境儿童中还存在一些特殊的群体，他们与一般或绝大多数困境儿童存在不同特点，即失足未成年人。据笔者了解，虽然这两个文件中没有回应这类群体社会化与再社会化的需求，但并不代表当地政府没有为其提供服务，检察院、民政、妇联等多部门曾进行过多个合作与探索，如笔者承接过的针对附条件不起诉未成年人的社会调查、帮教等项目。

（二）社会期望与儿童表达

"以经济建设为中心"是媒体中最常见的词汇之一，讲求"投资收益"似乎也成了家庭教育的一部分，即社会乃至家庭对儿童投入关爱后总期望"有出息"，本书中的发展性社会工作也不能免俗（其服务理念中就有通过教育积累人力资本"阻断贫穷"）。这也是一些慈善组织（尤其是小型的、非专业化的慈善组织）只愿意资助"品学兼优"儿童的原因。部分家庭也因此对困境儿童抱以"你就是家里所有的希望"等过高期望，甚至部分困境儿童很小就会被要求"必须要懂事，穷人孩子要早当家"。当站在孩子的角度看世界的时候，我们会发现这些期望明显是对儿童自觉性需求与比较性需求的压抑。关于这一方面，面向宏观的、群体性的政策文本是无法回应的，尤其传统的政策立意就只是"保障"。即使制定政策时对此有所觉察，也只能制定"教育引导""心理疏导"等相关政策来协助困境儿童进行心理防卫机制的建立。

所以，笔者认为在政策发展与观念转变的同时，可以在"积极利用传统媒体和新兴媒体，加强宣传引导，营造全社会关心困境儿童成长的舆论氛围（泰州市政府办公室，2015）"的基础上，进一步倡导困境儿童成长相关环境的改变，综合回应困境儿童的自觉性、比较性以及表达性需求。目前正在进行的儿童友好城市建设、大街小巷的未成年人保护宣传等都可以体现出当下政府和社会对儿童参与表达所做出的努力。但是一方面困境儿童仅仅是儿童群体中的一小部分，占比不高，其表达的声音就需要更多的渠道与关注；另一方面，如同主体部分"关爱未成年人"适合所有困境儿童经济保障也更容易做到，但是个别化的需求表达也应该有多元的环境，从家庭到社区再到社会。

（三）本项小结

笔者在 2019 年开始动笔之时，是没有考虑在政策层面上探讨困境儿童个别化需求的，毕竟之前针对困境儿童的相关政策中仅仅对困境儿童的基本生活保障进行了规定。但是政策发展至今，更深层次的、个性化的保障日渐体现。也许不久的将来，"司法行政部门应当……引导未成年人监护人自觉履行监护责任""妇联……提供家庭教育指导、关爱帮扶及权益维护等服务"等监护与亲职能力相关的政策进一步显现成效之时，问题也就不再是问题了。

第三节　发展性社会工作与政策传递

一、发展性社会工作与多元整合

（一）多部门合作与可及性

Kafka 书中描述的主角在科层制的迷宫中历险的世界与目前大多数福利申请人所遇到的情况相差无几，福利传递系统中仅方便了某部分人，其他申请人就像皮球一样被踢来踢去（Gilbert 等，2013）。*Dimensions of Social Welfare Policy* 一书中所描述的福利传递难题，在世界各地都存在这种情况，执行部门优先考虑本部门的利益，进行划分和过滤，使得执行过程变得主观与不可预测，最终导致政策执行不力。这种现象并不是单一执行个体在其中不尽责，而是根源于整个科层制的体系问题（Gilbert 等，2013）。但是儿童是公民的年幼阶段，必然就会涉及公民所接触的所有部门，尤其需要跨部门的、多专业的合作，例如在2015年版的政策文本中表述为：

> 加强部门协作。各部门要将困境儿童保障所需资金纳入财政预算，统筹做好困境儿童保障工作。民政部门要发挥牵头作用，积极协调各地各有关部门完善、落实各项困境儿童分类保障政策，加强儿童福利服务指导中心和未成年人社会保护机构的建设和监管，建立儿童福利工作指导和服务体系。发改、教育、公安、人社、住建、卫计委、检察院、法院、残联等部门要将困境儿童分类保障工作纳入本部门职责范围，各司其职、协调配合、合力推进工作落实。共青团、妇联、红十字会、慈善总会等团体要发挥组织优势，积极参与困境儿童分类保障服务体系建设。（泰州市政府办公室，2015）

在这个"政府主导、民政牵头、部门协作、社会参与、家庭尽责"的体系里面涉及十四个部门，其中检察院有专门的未成年人检察部门，有专人负责，运作协调会比较顺畅；但是像"住建部门"这类几乎不涉及儿童的部门，提供相关服务时可能就无法做到及时有效了，并且通读全文，笔者发现该部门仅在这一条款出现这一次，无法对应其具体职责。

（二）政策变迁与发展性视角

在2020年版的文件中，除了进行了从"纳入本部门职责范围，各司其职、协调配合、合力推进工作落实"到"第十章　职责分工"具体细则扩充外，还将"政府主导、民政牵头、部门协作、社会参与、家庭尽责"转变为"家庭尽责、政府主导、民政牵头、部门协作、社会参与"。这一转变根本上解决了原本在民政牵头动员其他部门参与时，其他部门以为与自己没有关系而不配合的情况。当困境儿童家庭找到这类部门时，他们都基于责任心和初心为该家庭提供高质高效的服务了。

而这一转变得以实现的原因，如同 *Dimensions of Social Welfare Policy* 中所说，20世纪80年代开始向第三方购买社会服务就已经显著增长，市场化似乎是公共服务的未来（Gilbert 等，2013）。在多年的实践中，政府通过购买服务的方式，为困境儿童提供专业的服务，由专业人员为困境儿童及其家庭进行赋权增能，陪伴其寻求合适资源，完成以儿童为中心的，基于个性化需求的，自下而上的政策协调整合。似乎这也是"六个一"结对关爱体系的实践来源。

（三）基于家庭的介入维度

家庭是抚养保护儿童的第一责任主体。提高家庭抚养监护能力，形成有利于困境儿童的家庭环境至关重要。家庭是儿童健康成长的基础和重要保障，监护人尽职尽责能给予儿童安全感，满足儿童成长需要，服务困境儿童，必须强化监护责任，提升或补足监护能力，使得其监护人能够真正地监督、保护好困境儿童，必要时为其争取相应的政策资源。

首先，由前文访谈资料可知，困境儿童家庭中监护人与儿童年龄结构悬殊，多为祖父祖母辈，监护方式单一，监护能力较弱，绝大多数只会去满足儿童吃饱穿暖的需求，同时由于文化水平、受教育程度普遍偏低，在监护过程中容易与儿童产生交流障碍，发生矛盾时处理方式简单粗暴。所以需要在困境儿童监护人无法充分保证儿童的养育、照顾、发展等方面需求的情况下，协助其学习亲职教育课程、提升教养水平，并协助全面关注困境儿童的身心发展，引导儿童树立正确的世界观、价值观和人生观。

其次，困境儿童家庭大多收入来源单一且较低，部分家庭甚至依赖低保补助生活。家庭收入微薄会导致监护人为了获取更高的收入而在工作上投入大量的时间，造成对儿童监护的缺失，无法对困境儿童进行科学照顾和心理指导。因此，社会工作者的介入还需要关注监护人需要提升综合能力，协助其整合、获取更多的政策及社会资源，实现家庭整体的境况提升。

（四）本项小结

困境儿童家庭由于各种不同原因，或是经济拮据发展不足，或是监护人年龄偏大监护能力薄弱，需要发展性社会工作根据服务对象的具体情况，有针对性地为困境儿童家庭赋权增能，提高监护能力，必要的时候还需起到指导与监督的责任。同时社会工作者在提供服务的过程中，还需要进一步的进行整理与总结，尤其是陪伴案主获取资源的过程，从而实现一种自下而上的政策推动，使得整个政策体系更加贴合困境儿童的现实需求。

二、发展性社会工作与专业伙伴

（一）落脚基层与一致性

困境儿童的主要生活场域是在家庭、社区，所以相关工作重心就需要落脚基层村（社区），但村（社区）长期面临着"上千行，下一针"、人少任务重的现实情况。因此导致工作人员必须额外付出精力才能做好工作，少部分就出现了工作敷衍、效果不佳，部分困境儿童被忽视等问题。

困境儿童相关保障工作在村（社区）遇到的另一个问题就是人员专业素质问题。在2015年版的文件中要求"在村（居）建立困境儿童救助保护督导制度，聘请专职或兼职儿童救助保护督导员"，这类兼职人员一般会由民政助理、妇女主任兼任，且没有专项工作经费，也就导致部分农村地区的工作人员年龄偏大、对政策的认识不够，各地之间执行的一致性也就难以保证。

（二）政策发展与发展性构建

在2020年版文件中"乡镇儿童督导员""村社区儿童主任"

及其轮训政策落地之前，进行了三个方面的努力与尝试，一方面通过政府购买服务等方式进行周期性排查与指导等，使得专业服务机构与基层社区接触交流，共同携手服务困境儿童，并且保证了面上的一致性；另一方面尝试开展先乡镇（街道）、再社区、再农村的分步培训，为后期轮训政策积累实践经验；第三方面引导市区专业社会组织落脚社区和发掘社区中的社会组织扩大服务。

总体来说，政府应当处于困境儿童服务全过程的主导地位。首先，加强困境儿童救助保护立法工作，保障困境儿童的合法权益。困境儿童成长过程中权益容易遭到侵犯。因此，政府需要针对困境儿童的现状，梳理现行的法律法规，完善立法工作，推动困境儿童救助工作制度落地。其次，健全困境儿童关爱服务工作体系，整合各方资源，形成具备发现、救助、保障和预防的全方位综合性的工作体系。具体来讲，在发现环节，要做到村（社区）、热线、医院、评估机构等多部门的无缝对接，及时发现、及时报告、方便报告；在救助环节，要做到及时、专业、科学地进行救助，帮助困境儿童脱离困境，最好能够回归正常轨迹；保障环节，主要是面对长期处于困境的儿童，要做好多专业合作的"六个一"全面结对关爱；预防环节，则需要加强宣传引导，预防侵害儿童权益的事件发生，预防儿童陷入困境等。

（三）本项小节

执行主体的核心素养和社会环境的传统认知都存在种种缺陷，与目标群体的响应不足有着一定的因果关系。长期以来福利保障政策的倾向，与执行主体的行事风格，影响了目标群体的自主意识觉醒。当然目标群体本身的局限也反过来影响着执行主体的应对与反馈，进而也能对政策的建立与完善起到一定的作用。总体来说目前政策应对还处在立法补全阶段，需要在各方面查漏补缺，增强协同统筹、资源整合等。对于社会整体处于转型时期，相关政策体系尚处于构建阶段，此种应对模式，也算较为合理且较直接有效的。

三、发展性社会工作与环境成长

（一）社会组织与服务供给

在人们的普遍认知中，困境儿童相关服务应该由政府成立的相关保护机构提供，但不可否认的是社会服务已经成了除国家单位外的一种强大供给主体。但是社会组织在当今中国社会依旧算是新事物，有关困境儿童服务的参与正处于成长阶段。目前地方社会组织的资金来源大多是政府购买服务，在以年为单位的招投标背景下，服务的持续性相对不高，导致相关服务出现断点与接续问题。

虽然有种种困难，但如同 2020 年版文件中的一些内容表示引导社会力量参与已经成为一大趋势。首先，困境儿童的关爱服务需要社会力量的参与，需要社会承担责任。在困境儿童相关服务中，国家或者政府应该鼓励企业或者专业机构发挥其自身优势，积极参与到困境儿童相关服务中来，鼓励社会人员进入社会组织长期工作或者做志愿服务，为困境儿童的服务人员提供专业的技能培训，提高社会力量的参与度。其次，引导社会力量参与，需要国家的鼓励与支持。国家可通过政府和社会资本合作等方式，鼓励企业、社会组织等社会力量建立困境儿童相关社会服务机构。大力发展困境儿童相关服务，积极引导专业社会工作力量进入该领域，为困境儿童提供心理疏导、精神关爱、权益维护、社会融入等专业服务。积极倡导鼓励企业承担履行社会责任，通过点对点帮扶、物资捐赠、志愿服务等多种方式，为困境儿童及其家庭提供救助。

（二）社会认知与共同前行

1. 传统的家庭认知与改变

在传统的家庭观念中，孩子被认为是父母的"私有财产"，父母有权利对孩子进行任何处置,因此在需求调研、服务供给等过程中,儿童自身的声音难以得到倾听,常常被其监护人的话语所掩盖,致使儿童利益最大化和保护儿童优先的原则面临挑战。为应对此类问题,地方民政部门、街道社会事务办公室、社区民政专职干部广泛采用家庭走访、发放宣传册、发布社区公告等多种形式,宣传和解释困境儿童的相关政策,但上述工作还需要长期的坚持与引导。少数困境儿童的监护人依旧认为没有现金资助的关爱服务(如课业辅导、心理减压等)是"虚的",不能带来实质的生活改善。

同时在旧有的家庭教育观中,"棍棒底下出孝子"等传统观念导致打骂等体罚式管教成为一种常态,加上其他人对于父母如何管教自己的孩子并无权干涉,使得对儿童的虐待和忽视变得尤为隐蔽。这样滞后的理念,既不利于建立家暴、虐待案件发现举报机制,也会使社会工作组织在介入救助这类困境儿童时经常受到其父母的阻挠。这些进一步说明"妇联应当发挥基层妇联组织作用,提供家庭教育指导、关爱帮扶及权益维护等服务(泰州市政府办公室,2020)"的重要性。

2. 社会认知与舆论发展

12月12日是"困境儿童关注日",但它设立至今,社会的认知度并不高,很多公众依旧不知道这个关注日的存在,甚至笔者也在查阅文献时才知晓这一节日的。可能是有关困境儿童方面宣传力度不够,也可能基于"公开透明与隐私保护相结合……为保护儿童隐私,困境儿童核查、认定不设置公示环节(泰州市政府办公室,2020)"等儿童隐私保护需要,但是社会舆论也是社会力量的重要组成部分,服务困境儿童应该善用这一股力量,使其发挥积极的作用。现阶段社会传播媒介众多,信息传播速度快,因此可通过媒介宣传报道困境儿童关爱中的正面事迹,发挥示范带动作用,在全社会营造服务困境儿童的良好氛围。

(三) 本项小结

社会力量是困境儿童帮扶保障不可忽视的部分。现阶段，这部分力量发挥作用的程度过低，困境儿童在社区、学校等社会环境中，能够获取到的支持与帮扶是远远不够的。这就要求发展性社会工作在帮扶保障工作过程中，将困境儿童个人成长与环境改变结合起来，运用媒体宣传、沟通协调、自身示范等方式，调动起社会力量，为困境儿童的生存与发展提供更好的舆论环境与社会环境。

第四章 困境儿童个案分析

第一节 个案介绍

一、渴望关爱的小孙

研究对象小孙17岁，就读于Y市某职校机电系，目前大二，租住于学校附近，自述患有重度抑郁症及焦虑症，曾看过心理医生，正服药治疗。与祖母感情较深，并每周回家看望经常聊心里话，但一般报喜不报忧，祖父在哈尔滨做木匠，一年回家一次，联系少。

（一）解不开的心结

小孙6岁时父亲车祸去世，母亲于两年前跳河自杀（小孙怀疑是抑郁症），对其打击较大，对自己母亲的去世有较强的自责感。

关于小孙的自责心理，小孙的姑姑表示家里从来没有人怪罪过小孙，提及其母亲自杀，姑姑补充可能因为小孙得知其与母亲去世之前的一场争执（吵过架）是母亲自杀的导火索。从其姑姑的陈述中可以得知，虽然小孙的姑姑并没有指责怪罪他，但是言语中，还是存在归因到小孙"不听话"的语句，在小孙的内心已经形成了根深蒂固的自责。

（二）渴望得到家人的关爱

除祖母外，舅舅与其关系较好，且距离近，常去小孙的租住地看望、照顾其生活，小孙与姑姑、小姨等其他亲属关系一般。另外小孙自述他与同辈的表兄妹没有共同语言。

姑姑表示之前其母亲在世时，曾经有过一段新的婚姻（姑姑表述为"找过一个人"），小孙平时喊其爸爸，但是其母亲去世之后就不再生活在一起了，且后来对方有了儿子，彼此之间的联系就断了。在母亲去世后的一段时间，小孙有跟祖母提过想认继父做"干爸"，被祖母劝阻了，之后再也没有提过。另外在小孙幼年时，较为介意没有父亲的事实，在祖母送其去学校时，会反复告知祖母不要让其他同学知道他没有爸爸。

（三）淡薄的朋辈关系

小孙与同宿舍的一个男生有些个人矛盾（据小孙称，对方疑似同性恋，一直纠缠自己，感到不堪其扰），所以这是小孙选择外出租房子住的首要原因；其次是因为感觉与其他同学玩不到一起，难以融入集体，自己比较苦恼；还有就是自己感觉同学会经常出去吃饭，开支比较大，不想浪费钱；另外，因为搬出去住比较自由，还可以去西餐厅做兼职。社会工作者在引导其讲述更多的人际交往细节的过程中，小孙流露出自己虽然不喜欢跟同学们玩，但还是希望能够得到同学们的关注与关心。

（四）家系图

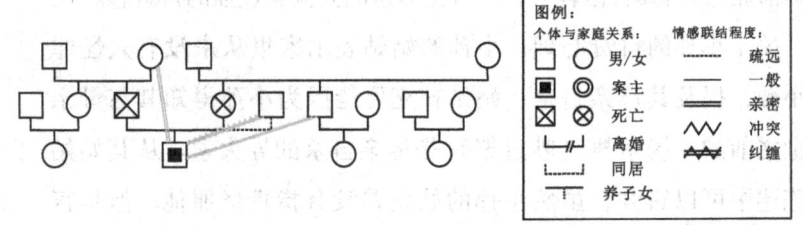

图11 小孙的家系图

（五）本项小结

小孙作为困境儿童由未保中心引荐为其提供专业服务。小孙的现状不太好，除了父母去世，他本人心理状况堪忧，虽然在吃药治疗，但是还需要进一步调适与介入。经过初步交流，小孙表现出一定的求助意愿，并与社会工作者较快地建立了专业的关系。

二、孤苦无依的小慧

小慧，女，14岁，初二，父亲因肺癌去世，与母亲共同生活，母亲患有精神疾病，评定为精残三级。祖父母在其父小时候就已离世，小慧在当地无其他近亲属。村委会委托其邻居协助照料其起居，并由街道办事处支付工作经费。

（一）坚强能干的女孩

小慧的家族有要强、独立、上进的传统。小慧的父亲是其祖父祖母抱养的，并在其父十几岁时因为意外离世。因为"傲气（邻居对其父行为的解释，近似于骄傲、不服输等意思）"，其父放弃回到原生家庭的机会，独立生活，从火灾后的一无所有到建起二层楼房娶妻生子。

小慧已经承担家庭责任多时。小慧的父亲在一年多前因病住院，后诊断为肺癌，而其母的精神状况仅能做到部分自理，因此家庭重担在当时就已经落在小慧肩膀上，白天上学、夜晚去医院陪护重病的父亲，偶尔再回家照顾母亲。

父亲去世后独立坚强的生活。父亲卧病一年多后去世，在邻居、远亲的帮助下小慧操办了父亲丧事，并且表现地格外坚强独立，操持家务的同时，自己的学习也没有放松。

（二）内心深藏的无助与迷茫

小慧虽然坚强，但是在她身上所发生的这一切，对于一个心智成熟的成年人来说都难以承受，何况是一个未成年人，只是她知道自己没有什么可以依靠，必须坚强地面对生活。

父亲的去世对小慧而言，失去的不仅是最亲的亲人，也是她人生路上的领路人，从前父亲会给她买书，会告诉她做人做事的道理，会给她很多建议，会督促她学习，现在没有人告诉她该怎么做，一切都要靠自己，可是未见过世面的小慧在将来需要面对多种人生抉择时又该如何做，自己的未来又该走向哪里，小慧对此，非常迷茫。

（三）刻意控制的人际圈

小慧有一个要好的朋友，是她的邻居，比她大一岁，在读高中一年级，其他两个朋友，也都是村子里的小伙伴，她在学校没有好朋友，因为她觉得学校的同学不能够深交，就算和同桌也只是普通的同学关系，不会过多交流，在内心深处，小慧觉得自己一起长大的小伙伴才是朋友，学校的同学她并不喜欢，她觉得同学们也不喜欢她，所以她自己不太喜欢去学校，去了也不会觉得开心，每天刻意和同学之间保持距离，不太亲近也不会过于疏远。

（四）家系图

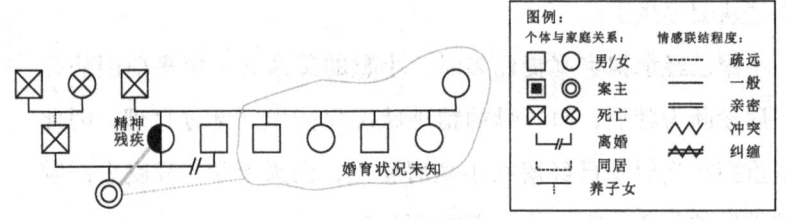

图 12　小慧的家系图

（五）本项小结

根据民政部门的数据和资料，小慧因为父亲重病、母亲精神残疾被列为困境儿童。通过走访调查，社会工作者与小慧、邻居、村委会工作人员等进行访谈，全面掌握了小慧的基本信息。在此期间，其父因肺癌去世。小慧的祖父母在其父年幼时因意外去世，父亲坚强独立操持家庭的过往给其留下了坚强的精神传承。其父重病卧床的一年多时间，皆由小慧负责照顾。母亲有精神残疾，生活能部分自理，日常由小慧协助。其父离世后，村委安排专人协助照料起居，社会工作者也与其建立专业关系。

三、懵懂快乐的小晋

（一）家庭关爱的缺失

小晋今年6岁，本该在父母亲的爱护下健康快乐地成长，但因为家庭的变故，小晋在很小的时候就缺失了父爱和母爱。小晋的父母因为参与吸毒，在小晋很小的时候就被强制送去服刑和戒毒，因此小晋基本接触不到父母亲。小晋的祖父祖母很早离婚了，祖父前段时间刚刚服刑回来，对小晋也很一般，没有过多关爱。小晋与曾祖父、曾祖母生活在一起，曾祖母出去工作，收入微薄。曾祖父主要负责照顾小晋。家庭对孩子长期采取放任的态度，生活照顾多有所不全。

小晋目前主要是由曾祖父曾祖母在抚养，但两人年事已高，有心无力，只能保障其基本生活需要，平时很少能陪伴小晋生活、玩耍，难以对小晋形成有效监护。小晋性格活泼，有点调皮，经常去邻居家找小朋友玩，小晋家周围有小河，近期有一次小晋在河边玩耍，在曾祖父不注意的时候掉入了小河中，幸好被及时救了起来，没有大碍，在三岁那年，小晋也曾掉入家门前的小河中。虽然平日里曾祖父有教小晋注意安全，不要乱跑，但小晋还是随时暴露在危险中。在教育方面，小晋一学期学费4020元，学校提供早餐、午餐以及下午的一点副餐，一般是15点50分放学。小晋吃饭有点挑食，时常到下午为止只吃了学校提供的早餐，中途只吃一包饼干。因此，小晋的生活照料存在较大问题。

（二）朋辈的支持扶助

在小晋5岁的时候，进入当地某公立幼儿园接受学前教育。小晋在幼儿园认识了很多新朋友，他们都和小晋差不多大，和小晋的关系很好,这是小晋苦闷生活里的一抹亮色。小晋有很多好朋友,他尤其喜欢和尤乐轩(音)、汤明圭(音)、吴心怡(音)、汤造陈(音)、小古等好朋友一起玩。朋友中尤乐轩和吴心怡是女生,汤明圭比他大2岁。自己平时最喜欢和小古一起比赛玩陀螺。现在有了篮球,也会拿出来和小朋友们一起玩。自己的玩具大部分都是祖母和父亲买的。小晋平时只要一有时间,就会出去和小朋友们一起玩耍,在幼儿园也有自己亲密的伙伴。可以看出,小晋有一个良好的人际环境。

(三) 乐观独立的生活态度

小晋和曾祖父、曾祖母住在一起,家中布置比较简单,房间里东西比较杂乱,不是很整洁。小晋没上幼儿园时,曾祖父偶尔还会带着他去河南省二祖父工作的地方玩一下,上幼儿园后就很少出去了。最近小晋的外曾祖母病危,所以祖父有时也会去城东看小晋的外曾祖母。小晋有点怕祖父,因为祖父有时候喜欢喝酒,喝完还会打小晋。小晋的曾祖父表示小晋比较调皮,平时还算听话,但自己有时候要外出劳作,没有人看小晋,没有办法只好把大门一锁,让他一个人在家玩。

虽然小晋相比于正常家庭的小孩子缺失了很多家庭方面的呵护与照料,但小晋仍然保持着乐观积极、独立自强的生活态度。小晋身体健康,很少生病,面色红润,个子在同龄中不算高,正常体型,不胖不瘦,可见在生活上被照顾得还可以。或许是因为年龄小,或许是因为曾祖父曾祖母的守护,小晋没有抱怨命运的不公。在上学的时候,有同学吃了一顿肯德基在班上分享经历,小晋也很渴望去。曾祖父知道后,攒钱带他去吃了一顿,满足了他的愿望。而小晋很懂事,在肯德基只选了一样食物品尝。没有因贪恋口腹之欲而忽视自己的家庭状况。同时小晋也很独立自强,他觉得可以通过自己的努力在未来消费得起肯德基,也能让曾祖父母享用肯德基。

（四）家系图

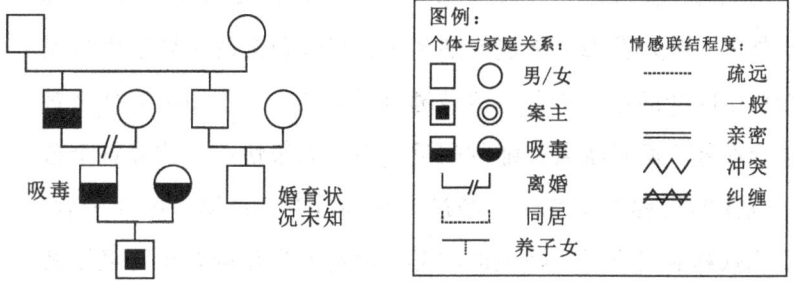

图13　小晋的家系图

（五）本项小结

根据街道摸排调查结果，市未成年人保护中心安排社会工作者进行走访评估后，将小晋列为服务对象。幼儿园上小班的小晋是一个性格活泼、天真烂漫、懂事自强的小朋友，目前和曾祖父及曾祖母生活在一起。祖父、父亲、母亲三人都吸毒成瘾。祖父祖母离婚，祖父被强制戒毒后回家，也基本不管小晋。父亲正被强制戒毒中，母亲因患宫颈癌回安徽居住，与小晋没有联系。家庭对其长期采取放任的态度，生活照顾多有不周，曾发生过可能危及生命的意外。

四、卧床许久的阿毛

阿毛是个被遗弃的病儿，12年前的一天，被婚后一直没有孩子的养父母捡回家抚养至今。在婴儿时期阿毛表面上没有显示出异常，四肢健全、白白胖胖；成长过程中，养父母发现阿毛的智力发育比较慢，经过多方诊察确定阿毛患有脑瘫，还是情况最严重的一种，无法治愈，只能维持照顾。为防止病情恶化及并发症的产生，十几年来，养父母带着阿毛多方寻医问诊，使原本比较富裕的家庭经济状况开始捉襟见肘。

(一) 礼物与包袱

阿毛的养父母结婚多年一直未有生育，夫妻为此困扰不已。一次外出，两人发现了被遗弃的阿毛，打开包裹的小被子发现是一个白白胖胖的小男孩儿，四肢健全没有畸形，不知道为什么被人遗弃在外。面对嗷嗷待哺的阿毛，两个人很快决定收养这个孩子。收养的过程并不复杂，经过一系列排查、证明、保证之后，夫妻俩顺利地完成了对阿毛的收养，阿毛的户籍问题也得到了解决，一家两口变成了三口之家。养父母对阿毛关爱有加，充分释放了压抑已久的父爱与母爱，所有人都期待着阿毛能顺利成长，成为这个小家庭未来的希望。

阿毛被捡到的时候，没有任何有关身份、生日的相关信息。养父母只能通过阿毛的形体特征，估计阿毛应该是刚满月不久的婴儿，便把阿毛的生日定在捡到他的前一个月的那天。快乐的生活持续了不到两年，在阿毛两周岁的时候，全家人发现，阿毛的身体发育并不比同龄的孩子慢，但智力的发育似乎差了很多，别人家的孩子已经可以自己翻身、爬行了，阿毛还只是会侧头，别人家的孩子已经牙牙学语了，阿毛还不会发出叠音……这时，他们才决定带阿毛去医院做彻底的检查。经检查，阿毛是先天性的脑瘫患儿，由于错过了最佳的发现时间（4个月到1岁半），加之病情本就比较严重，阿毛的脑瘫无法被治愈，只能保守维持。不愿接受这个噩耗的养父母带着阿毛去更大的城市，更好的医院问诊，得到的结果却没有任何不同。阿毛注定不能和其他孩子一样健康快乐地成长，反而需要长期的治疗与专人的看护。

(二) 坚强的一家

现在的阿毛已经12岁了，被脑瘫折磨的他生活不能自理，长期卧床缺乏运动使阿毛的身材比较臃肿，养母一人为其擦洗、翻身都比较困难。阿毛的智商很低，对外界刺激只有本能的反应，社会工作者来到他家，他只是听到门响，朝着响动发出的方向看了一眼，眼神中没有任何神采。阿毛也不能与人交流，只是在饿了或者哪里不舒服时会发出呻吟或近似"嚎叫"的声音。养母说，阿毛还是认识爸爸妈妈的，只是他不会说。

阿毛的养父最先接受了这个现实，他与妻子商量决定既然收养了这个孩子就不能再次遗弃。为了维持阿毛的医护费用，他决定出门打工，用自己的劳动收入支付阿毛的医护费用，支撑起整个家庭的消费。自此他独自离开家乡，不辞辛苦去大城市打工赚钱，除了维持自己的生活外，其余收入全数交给家里，供家人生活和阿毛的医护用度。

自从阿毛被领养回家，最忙碌的人就要数阿毛的养母。从未有过生育、带孩子经历的她，一点点的摸索，四处打听学习，把阿毛拉扯长大。发现阿毛患有脑瘫且无法治愈时，最难过的也是她。最初治疗时她曾抱怨老天不公，为什么自己没有亲生骨肉，领养的孩子又遭此恶疾；后来又曾自责，没能尽早发现阿毛的病情，错过了最佳的治疗时期；现在她唯一能做的就是放下原本的工作，深埋对丈夫的思念，全心全意地照顾瘫痪在床的阿毛，让阿毛能生活在相对较好的环境里。她每天的生活都以阿毛为中心，放弃了工作甚至放弃了社交活动，每日周旋于病床与厨房之间，出门买菜都可以算作是休闲时光。

（三）家系图

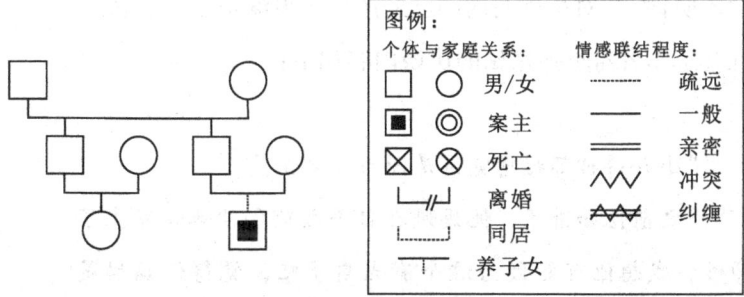

图14 阿毛的家系图

（四）本项小结

阿毛的家人长期为阿毛寻医问诊，后来向所在街道申请相关补贴，街道工作人员将阿毛划归为困境儿童，但阿毛家的人均收入高于最低生活标准，未被归于最低生活保障范围。阿毛被归为G市相关困境儿童保障项目的服务对象，社会工作组织承接政府购买的项目开始为阿毛及阿毛家庭进行个案帮扶。社会工作者介入时，阿毛瘫痪在床，不能行走，不能与人交流，生活完全不能自理。阿毛的养父为了一家人的生活外出打工，养母留在家中照顾阿毛生活。

第二节　个案评估与分析

一、基于传统的分析

（一）渴望关爱的小孙

1. 内心对母亲的离世深感自责

小孙的抑郁症有很大的原因是因为他自己对母亲的离世感到自责，而这其中的缘由，姑姑表示后来得知小孙在其母亲去世之前有跟其吵过架，可能是母亲自杀的导火索。从姑姑的陈述中可以得知，虽然小孙的姑姑并没有指责小孙，但是其还是归结到小孙的"不听话"，对小孙的内心已经产生了根深蒂固的信念。

社会工作者对小孙姑姑的访谈内容如下：

"小孙得抑郁症您觉得是因为什么呢？"

"之前他知道了，他妈妈在自杀之前和他妈妈发生了争吵，我想他可能因为这个有点自责吧，觉得他妈妈是因为和他吵架才自杀，所以才会得抑郁症吧。"

"但是我们家里人并没有因此责怪他啊，虽然说当时确实是这么个事情，这个孩子也确实不听话就是了，但是年纪小嘛。"

2. 现实的压力

失去父母，在很多方面都失去了依靠，需要小孙更加独立地承担起来，而这些对于小孙来说，充满了未知的压力和恐慌。

社会工作者对小孙的访谈内容如下：

"你觉得什么让你有压力呢？"

"原本是父母去做的现在都扛在我一个人的肩上，没人理解自己。"

最直接的就是经济上的压力，一方面，和同学的社交活动需要钱，自己没有足够的经济实力支撑。

具体对话如下：

"你在外面住除了觉得他们理解不了你，还有什么原因吗？"

"自己感觉其他同学经常出去吃饭，开支比较大，不想浪费钱。"

另外一方面，小孙现在处于青春期，对自己的外在形象比较注重，穿衣有讲究，根据姑姑的表述，这些衣服的价格对于这样的家庭来说是比较奢侈的。

具体对话如下：

"他很看重打扮哦？"

姑姑:"是啊,比较重视自己的衣着打扮,经常打电话给我让带着一起去买衣服,他要的那些衣服价格都不便宜。"

"你们会提醒他适度消费吗?"

"有说过,不要大手大脚的,他就说会在暑假赚钱给祖母的。"

所以,小孙自己常常去兼职以赚钱补贴这些花销,以缓解经济上的压力。

具体对话如下:

"你兼职的话做些什么呢?"

"目前的兼职工作是在西餐厅帮忙切菜、洗碗,每个小时10块钱,有活儿就去做,三个小时30块钱。"

3. 缺少关爱

小孙和家人、同学关系淡薄,没有得到足够的关爱,平时和亲人的联系不多,交流甚少,几乎没有朋友。在学校,老师也没有给予特殊的关爱。而早早失去父母双亲的小孙可以说是最渴望得到关爱以弥补受伤的心灵,然而现实却事与愿违。

社会工作者与小孙的交流内容如下:

"你和家里人联系多吗?"

"我祖父在东北打工,一年才回来一次,平时不怎么联系。"

"那你一般跟谁说话多一点呢?"

"祖母吧,周末回去有时候会跟祖母聊天。"

"其他人呢,你的舅舅不是也在你学校那儿嘛?"

"之前联系多一点儿，最近没怎么联系。"

"那你姨妈、姑姑呢？"

"和姨妈没什么联系，姑姑除了她回来看祖母的时候见到，其他时候也不太联系。"

"在学校呢，老师会关心你吗？"

"没有特别关心，就和普通学生一样。"

"你和班上的同学呢，关系怎么样？"

"很一般，我觉得他们也不能理解我。"

"那你不希望和他们关系好一点吗？"

"还是希望的，也希望和同学相处愉快，但是觉得很难，还是算了吧。"

社会工作者通过和小孙的姑姑交流，知道了小孙很渴望父母的关爱，但是这些年来都隐藏在自己的内心深处，不再向家人表露出来，对他们不能理解自己的心情感到深深的失望和不满。

具体对话如下：

"他有表现出对父母的思念吗？"

"他平时也不跟我们交流，但是吧，他之前想认他之前的继父为爸爸的，他妈妈在世前有改嫁过一个男的，但是他祖母不允许，他就放弃了，也没再提过了，所以我想他还是很希望有个爸爸的吧。"

4. 屏蔽社会支持网络

小孙有时候想表达自己的想法，认为亲人和同学们不能理解自己，感觉没有人关心自己，就放弃与家人朋友交流，会主动屏蔽自己的社会支持网络。医生希望他回到学校宿舍居住，一方面是防止他自己住会发生自杀等不良事件，另外一方面在集体中生活，也有助于改善人际关系，有助于恢复心理健康，但是小孙还是拒绝了，坚持要住在校外，医生又建议由监护人和他一起住，以保证其人身安全，小孙依旧坚持要独自居住。

社会工作者与小孙的交流内容如下：

"你好像也不太愿意和身边的人交流哦。"

"我本来是想跟他们交流的，但我觉得没有人能理解我，所以就不想说了。"

"之前我跟舅舅说怀疑自己有抑郁症，舅舅觉得我一个小孩子怎么会有抑郁症呢，我就觉得没什么好说的了。"

小孙的姑姑和舅舅也说小孙不愿意和人多说话。具体对话如下：

小孙的姑姑："他平时不和我说话啊什么，除了偶尔和祖母有点话吧，现在祖母去陪读他也不肯了。"

"听小孙说他自己和舅舅联系是相对多的?"，小孙的舅舅："大概是的吧，一般联系也就是要钱，其他也没什么，这个孩子心思重，你想跟他说什么，他也不会跟你说的。"

（二）孤苦无依的小慧

1. 家庭照顾压力大

小慧的家庭情况使她比同龄孩子早熟，但是对于 14 岁的孩子来说，除了这些过多的家庭照顾任务外，小慧还要照顾自己，实在是不容易的。现在因为父亲去世了，相对父亲生病的那一年，减轻了照顾父亲的压力，但是再也回不到以前有父亲遮风挡雨的日子了，一切都要靠她自己来撑起这个家。

社会工作者向小慧家的邻居交流知道了更多她的情况：

"就你们知道的小慧每天要做些什么？"／"哎呀，小慧这个孩子懂事能干啊，那时候她爸爸生重病，都是她在照顾，他们家又没有其他人了，只能她来了。"

"那她的妈妈呢，是否可以做点家务呢？"／"她那个妈妈别提了，自己吃饭都是个问题，还需要小慧照顾呢，哪里能帮忙啊！"

"您觉得小慧的压力大吗？"／"那肯定的啊，除了上学，还要每天给自己和妈妈做饭、洗衣服。你看她家里收拾得干干净净的。都是她自己收拾的，然后还要骑车去上学，小孩肯定很累的呀！"

社会工作者和小慧进行了交流，对她所做的给予赞扬和肯定，并询问她需要帮助的内容，和她探讨解决的方案。

具体对话如下：

"你觉得目前家里的事情都是你来做，会不会占用你太多精力和时间，没有足够的时间来学习？"／"可能是习惯了吧，就只能自己平时快点写作业，快点做事情。"

"那你有觉得因此而感到有压力吗？"／"嗯，有时候觉得总在赶时间。"

2. 监护不力，对未来很迷茫

对于小慧来说，目前除了家里的事情，最重要的就是学习了，还剩下一年时间就要中考了，自己在学校的成绩很一般，对于未来要考哪所高中，也没有目标，以前有父亲的督促，知道要努力，现在没有人约束，完全靠自己，没有人给予指导和督促，好多信息也不知从哪里获得，就算有什么理想，也没有去实现的资本。

社会工作者与小慧的交流如下：

"时间过得很快，还有一年你就要中考了，有没有心里中意的学校啊？"／"我也不知道哎。"

"你是想读高中还是职校啊？"／"肯定是高中啊，才不要去职校呢？"

"为什么啊，早点学点专业知识不好吗？"／"职校的学习氛围太差了，我闺蜜在 DP 高中，那里还不错，但是没有 KA 中学好。"

"那你的目标学校就是这两所啦？"／"我还是不知道哎，再说吧，KA 中学很难考的。"

"那你将来是打算读大学啦？"／"可能吧。"

"以后想做什么方向的工作呢，大学也是要选专业的。"／"我不知道，我完全不知道我能读书到什么程度，也不了解各种职业和大学的专业之间的关系，这些对我来说太遥远了，因为我能读书到哪天还不知道呢！"／"这些你不用太担心，我们可以给你提供信息，你的读书费用可以通过学费减免或者助学贷款来解决，你只需要确立目标并为之努力就好。"

小慧听到这些之后，本来略带忧愁迷茫的脸上露出了笑容，像是担心的问题已经找到了答案。

3. 想要学习进步，却不知该如何做

小慧目前在班级的学习成绩处于中等水平，一些理科科目的学习非常吃力，就算能够听懂，题目也不会做，自己为此很是苦恼，但是她觉得自己课也听了，作业也写了，怎么还是得不到提高,自己很着急,毕竟在她的内心还是想考一所好的高中,按目前的学习状态,希望渺茫,但是也不知道该怎么办。所以在小慧的学习上需要有人指导,包括学习方法和具体科目知识的指导,社会工作者就目前小慧的问题与之共同探讨、制订学习计划,并安排志愿者帮助她开展课业辅导。

社会工作者与小慧的交流如下:

"你觉得自己学习怎么样呢?"/"数学和物理不太好,语文和英语还可以吧,但是英语阅读理解有时候错的少,有时候错的多。"

"那你觉得数学哪里不太懂呢?"/"几何部分吧……"

"那你平时会向老师或者同学请教不会的问题吗?"/"有时候会问同学,但同学也不一定会。有时候是同学讲了我也不太懂……"

"那么我们一起来制订学习计划好吗?"/"好的呀,我自己也很着急,但不知道怎么办?"

"那么我安排志愿者来辅导你的学习,你把数学、物理教科书上的章节,每节都由志愿者指导你重新过一遍,最重要的是,你要在脑海里梳理出所学知识的框架,弄清楚每个知识点。"/"好的,然后英语,我每天读20分钟英语课文,以培养语感。"/"非常好,所以接下来就是要按照计划执行了,我相信你肯定能够完成的。"

4. 内心害怕受伤

小慧在人际交往上仅限于自己村子里的朋友,对于外面的人,基本不会与人坦诚相待,她总是刻意保持一定的距离,不太近,以防别人知道她的秘密,也不太远,防止被大家孤立,小慧总觉得如果他们知道她的秘密,会受到伤害。小慧在与同辈群体交往的过程中,曾经存在被孤立的现象,这些使得小慧对自我的认知产生偏差。

具体对话如下:

"你在学校有关系比较好的同学吗?"/"没有。"

"那你有好朋友吗?"/"有,K(村内邻居家的同龄女孩)……"

"那你可以跟我说说跟她们之间发生的事情吗?"/"就平时一起玩……"

"你平时会参加学校组织的活动吗?"/"不参加。"

"为什么学校里没有朋友也不参加活动呢?"/"我觉得我算是有心机的那种女生了,我永远跟他们保持距离,因为我怕他们知道我的事情。"

"为什么怕他们知道你的事情?"/"因为我怕受到伤害。"

"为什么会觉得他们会伤害你呢?"/"就是我们以前有一个老师对我很好,我就觉得他们都不喜欢我了,会孤立我的感觉。"

"你看,你在家里是有好朋友的,而且做了测试,你是一个活泼且值得信任的人,所以其实你要相信,如果你没有那么多顾虑,他们肯定很多人会像K一样爱和你成为朋友。"/"嗯,好的吧,我以后可以尝试和他们好好交往。"/"我相信你可以的。"

(三)懵懂快乐的小晋

因小晋年纪很小,所以很多问题都是社会工作者提问,小晋回答。最开始接触时,小晋有一些胆怯和抗拒,随着接触的时间久了，小晋也愿意接纳社会工作者并向她吐露心扉。

小晋有点调皮，比较好动，喜欢上幼儿园，和小朋友一起玩耍。一般不太提起自己的母亲，只有在被曾祖父教训的时候会找母亲，心理上对母亲的依赖不是很强烈。小晋目前在上幼儿园小班，外出机会很少，每月有1000多元的补贴，基本生活可以保障。

小晋今年6岁，由于祖父不管小晋，曾祖父的养育态度比较随便，没有过多重视小晋的行为习惯、学习等方面，造成小晋在行为习惯以及学习方面都存在一些问题，社会工作者需要和小晋的实际监护人曾祖父沟通，引导曾祖父多重视小晋这些方面的发展。

小晋缺乏安全意识，同时作为监护人的曾祖父的安全教育也没到位，一方面社会工作者通过儿童节礼物和小晋约定其要在外出玩的时候告知曾祖父；另一方面也和曾祖父讨论了安全的重要性，要加强对小晋的安全教育。

社会工作者在教小晋写字时，发现小晋握笔的姿势不太对，同时小晋喜欢在纸上随意画，对于同一样东西坚持的时间很短，要协助小晋学习正确的握笔姿势，同时循序渐进的引导小晋加强专注力。

目前总体情况如下：在家庭教育方面，小晋在家庭教育方面严重缺失，家中亲属难以提供有效监护。在儿童成长和个人规划方面，小晋虽然才6岁，但善于表达，性格活泼好动，人际关系良好。

（四）卧床许久的阿毛

基于传统思路与政策，社会工作组织对于阿毛的介入大体为链接康复资源以及处理阿毛养母的非理性情绪，其一直不是很自信，曾经因无生育能力而自责，现在又怕照顾不好阿毛，让阿毛受苦遭罪。

（五）本项小结

从传统社会工作理论来看，不仅是以上几位研究对象，大部分的困境儿童都是"问题"的集合体。或是监护不足，或是社会关系畸形，或是自身残疾，或是心理偏差……传统社会工作的评估与分析多采用问题视角，梳理其所面临的各种困难然后逐个解决，以至结案。归纳以上几位研究对象面临的困境虽各有不同，例如小孙的问题倾向于缺乏心理支持，小慧的问题重点是对未来的迷茫，小晋面临的最大问题是监护不足，阿毛缺乏专业的康复支持，但从整体上经济基础差，难以支撑自身发展是共性的最直接的问题。

二、基于发展性的优势分析

（一）渴望关爱的小孙

1. 资源

（1）个人拥有勤奋努力的品质

小孙虽然身处逆境，但是没有放弃读书，依然每周坐大巴车去 Y 市上学，同时，小孙明白自己的家庭经济情况不佳，祖母年纪大了，没有赚钱养家的能力，于是他就利用课余时间去校外兼职，赚点钱给自己零花，以及补贴祖母的生活费。

（2）有学校、组织、社区的帮助

小孙现在还是一名全日制学生，这是他可以获取知识的主要途径；他所在的城市设有未成年保护中心以及几千家社会组织，有很多是专门做青少年服务的，目前小孙也在接受一家专业社会工作组织的服务，协助他解决心理、情绪、学业、就业等问题；社区作为小孙日常生活的场所，给居民提供了基本的社区服务，比如作为政府和居民的桥梁，进行信息传达和登记工作等，建设或完善社区内的基本公共设施、营造良好的社区环境、帮扶弱势群体等。

（3）有良好的社会环境

从整个大的社会环境来说，改革开放以后经济快速发展，相应文化、法制等方面也都得到进步，这为青少年奠定了安全可靠的成长基础。除了学校、组织、社区外，大众在对待孤儿方面，普遍有同情和关爱的社会心理，并积极营造适合未成年人成长的良好环境。

2. 选择与可能性

根据目前的情况，小孙迫切希望得到家庭的关爱，认为家庭（家族）内其他人对他不够关心，小孙与朋辈群体的关系非常淡薄，其不善于与同学乃至同辈亲属沟通，在社会工作服务过程中可以对其进行相关的能力培养，增加其社交能力。

在未来就业上，小孙可以选择从事和专业相关的工作，他所学的专业是机械自动化，这是他可以利用却没有使用的资源。小孙也可以选择从事目前兼职的工作作为未来的工作，或者小孙可以结合自己的能力和兴趣等选择其他合适的工作。

3. 例外与解决

小孙被确诊为重度抑郁症患者，并且有自杀倾向，他总是觉得身边的人无法理解他的想法，所以他一般都不跟别人说自己心里的事情，但是有时候他会跟祖母说说话，心里会好一点，因此可以推论当他有了合适的倾诉对象，他的抑郁状态可能会得到缓解。

（二）孤苦无依的小慧

1. 资源

（1）勤劳、能干、坚强、勇敢的女孩

小慧虽然失去了唯一的依靠——父亲，但是她依然能够坚持照顾好自己、照顾好母亲，把家里收拾得井井有条，特别是在父亲重病卧床的一年里，都是小慧一边照顾父母亲，一边坚持上学，当同龄孩子在父母怀里撒娇的时候，小慧已经是家里的支柱，而这样的生活并没有将她打败。这也可能源于家族榜样的力量，根据小慧的邻居介绍，小慧父亲在十五六岁的时候因为一场火灾失去了双亲，还有绝大多数家庭资产，被迫住在茅草屋里自力更生，直到去世前他一直为小慧提供着当地中等水平的生活条件，即使他在重病期间，也没有给家庭留下债务。

(2) 有学校、组织、社区的资源

小慧目前在家附近的初中上学，在学校，她可以学习到基本的文化知识，获得进一步升学的资格；她所在的城市设有未成年人保护中心以及几千家社会组织，有很多是专门做青少年服务的，可以协助小慧解决心理、情绪、学业、就业等问题；社区作为小慧日常生活的场所，给居民提供了基本的社区服务，比如作为政府和居民的桥梁，进行信息传达和登记工作等，建设或完善社区内的基本公共设施、营造良好的社区环境、帮扶弱势群体等，但是小慧居住在农村，所以获得的社区资源相对城市而言不太健全。

(3) 有良好的社会环境

从整体大的社会环境来说，改革开放以后经济快速发展，相应的文化、法制等方面也都得到进一步发展，这为青少年的成长奠定了安全可靠的基础。

2. 可能性

目前，小慧的主要精力集中在学习上，对于未来她还没有特别清晰的想法，但是她清楚地知道自己想要在学业上有所成就，学习成绩在班级里要属中等偏上才行，不论读高中还是职业技术学校都在她可选择的范围里，社会工作者经过和小慧交流知道她更偏向读高中，然后读大学。

3. 解决

小慧想读的理想大学对于她来说有点难度，但是她还是有一点儿信心的，因为她属于比较有爆发力的那种人，所以她认为自己如果在关键的时刻努力一下，是会创造奇迹的。

(三) 懵懂快乐的小晋

1. 资源

(1) 个人

小晋虽然年龄小，但是可能因为特殊的家庭情况，他便早早的就知道体谅长辈，不会像一般人家的孩子，提出很多要求，有时候长辈忙于工作，小晋便无人照顾，长辈就把他关在家里，让他一个人在家一待就是一整天。

社会工作者与小晋的曾祖父交流内容如下：

"小晋平时在家乖吗？"/曾祖父："他一般还是挺乖的，出去玩不会乱要东西，但是小男孩嘛，有时候难免也调皮的，大人跟他说了就好了。"

（2）家庭

目前，小晋和曾祖父、曾祖母在一起生活，父亲偶尔会回家，给小晋带点玩具，母亲回安徽老家养病，相对来说曾祖父、曾祖母很关心小晋的生活，但是因为他们年纪大了，还需要赚钱养家，所以照顾孩子常常力不从心。另外，小晋的父母、祖父有吸毒、坐牢的经历，家庭环境较为复杂，不利于小晋成长。

（3）有组织、社区的资源

小晋所在的城市设有未成年人保护中心以及几千家社会组织，有很多是专门为未成年人提供服务的，可以协助小晋解决心理、情绪、学业、就业等的问题；社区作为小晋日常生活的场所，给居民提供了基本的社区服务，比如作为政府和居民的桥梁，进行信息传达和登记工作等，建设或完善社区内的基本公共设施、营造良好的社区环境、帮扶弱势群体等，但是小晋居住在城乡接合部，所以获得的社区资源相对城市而言不太健全。

（4）有良好的社会环境

从整体大的社会环境来说，改革开放以后经济快速发展，相应的文化、法制等方面也都得到进一步发展，这为青少年的成长奠定了安全可靠的基础。

2. 可能性

目前,小晋年纪尚小,对于未来还没有自己的想法,一切充满未知,也充满了无限的可能,家长对孩子的发展也没有相应的计划。

社会工作者与小晋和小晋曾祖父交流的内容如下:

"你自己平时喜欢做什么呀?"/"我喜欢和×××一起玩陀螺。"

"有想过长大后想做什么吗?"/"……不知道,我喜欢玩球,你看,我家里还有一只皮球,我可以踢很远。"

"有想过未来怎么培养这个孩子吗?"/曾祖父:"没什么想法,反正现在先上学,我能养他多久就先养着,后面再说吧。"

3. 例外

小晋很贪玩,家里人又没有足够的时间看护,因此有时候他会发生一些危险的情况,比如他曾经两次落水;他常常自己跑出去,家里人也不知道去了哪里,在安全方面曾祖父没有办法对小晋控制得很好,社会工作者跟他约定出去玩之前要跟家里人说好,并且要告诉他们去哪里玩,才能出去,如果做到了就会给他奖励,小晋能够按照约定去执行,所以可以通过约定和正向肯定来帮助小晋提高安全意识。

在生活习惯方面,小晋经常因为挑食而吃得很少,常常要靠喂饭才能多吃点,但是如果祖父在家他就会乖乖吃饭,所以在这方面,小晋需要一个有威严的人加以约束。

(四)卧床许久的阿毛

1. 资源

(1)家庭

相对于很多困境儿童而言,阿毛的家庭情况算是比较好的了,家庭结构完整，有正常的家庭收入，并且阿毛的养父母对他也付出了很多爱心，除了养父母，和他一起生活的还有祖父祖母、大伯大妈、堂姐、侄女，这是一个团结和睦的家庭，家庭氛围良好。

社会工作者与阿毛养母的交流内容如下：

"这么可爱的小女孩是谁家的啊？"/阿毛养母："这个是我侄女的女儿。"

"她是由你带的吗？"/"有时候我带，我们都住在一起，这是老大家女儿生的孩子，我们一家人关系都很好。"

"你们在阿毛身上花费了很多心血啊？"/"是的，我们一家人除了为了这个孩子操心，其他的我们家都很好，我们去了很多医院、花了不少钱，也没办法治好他。"

"平时都是你在照顾阿毛吧？"/"对呀，他爸爸出去打工，我的主要工作就是照顾这个孩子，他吃饭、喝水、洗澡、上厕所，哪件事情不要我来照顾啊。"/"看得出来你很用心，阿毛被照顾得很好。"

(2) 有组织、社区的资源

阿毛所在的城市设有未成年人保护中心、残疾人康复中心以及几千家社会组织，有很多是专门做青少年服务的，可以协助阿毛的家庭学习如何照顾脑瘫儿、如何缓解家长照顾的压力；社区作为阿毛家庭日常生活的场所，给居民提供了基本的社区服务，比如作为政府和居民的桥梁，进行信息传达和登记工作等，建设或完善社区内的基本公共设施、营造良好的社区环境、帮扶弱势群体等，阿毛作为弱势群体，社区将阿毛的情况登记，并上传到政府部门，由政府部门审核确认帮扶类别。

（3）有良好的社会环境

从整体大的社会环境来说，改革开放以后经济快速发展，相应的文化、法制等方面也都得到进一步发展，这为青少年的成长奠定了安全可靠的基础。

2. 选择

目前，阿毛的照顾任务主要集中在养母身上，她难免会有倦怠，其家庭可以选择向社会组织或者社区申请喘息服务，或者请人照顾阿毛，减轻养母的负担。

3. 可能性

虽然之前已经去了很多医院看病，阿毛的情况一直没有任何改善，随着年龄的增长，他的病情越发严重，可能主要是因为治疗的方向有问题，对于脑瘫的治疗没有办法通过药物或者手术的方式改善，只能通过康复训练来缓解脑瘫的恶化程度，所以现在只有积极进行康复训练，才有可能改善阿毛的情况。

4. 解决

对于阿毛的家庭来说，如果阿毛能够有所康复，甚至能够达到部分自理，就可以说是阿毛以及这个家庭的奇迹，而现在想要这个奇迹出现，就需要对阿毛进行康复训练以及照顾他的监护人学习科学的护理技巧。另外，由于康复训练预后的不确定性，需要协助其家庭整合资源，尤其是长期持续付出的心理支持与准备。

（五）本项小结

基于发展性社会工作优势视角分析，几位研究对象都有着自身—家庭—社会的优势体系，这种优势体系带给他们一定的可能性，在专业的指导下做出正确的选择，很有可能缓解甚至解决绝大多数的问题。从优势视角分析，其最大的特点是在发现问题的同时能找到其自身所具有的优势，激发并扩大这种优势，在外力的引导下由内而外的解决问题。发现优势，做出可行的选择是发展性社会工作个案分析的重点与难点。

三、基于发展性的资产分析

（一）渴望关爱的小孙

1. 自然与物质资本

小孙的学校与家庭分别位于两座城市，使得他有两份公共资源可以整合，这两座城市有比较便捷的公交车、出租车等公共交通，以及1小时内免费的公共自行车，也可以选择城际巴士或者火车，所以小孙在交通方面的基础设施资源是完备的。两个城市都有免费的图书馆可供使用，在小孙居住的社区里，也有基本的社区设施可以无偿使用，比如社区文娱活动室、图书阅览室、体育健身器材等。

2. 社会与人力资本

从身心健康状况来说，小孙身高1.8米，体格健壮。但是在心理健康上存在问题，被医院确诊为严重抑郁症。而小孙患有抑郁症的原因：一是有可能是遗传，小孙的母亲当年跳河自杀，小孙怀疑母亲当年也患有抑郁症，二是小孙认为母亲的去世和自己有关，因为母亲在跳河前，与小孙有过争吵，姑姑在言语中有指向小孙的"不听话"是其母亲自杀的导火索，这在小孙心中已经是根深蒂固的观念，因此小孙深感自责，三是现实的压力，小孙认为自己没有依靠，什么都要靠自己，所以压力很大，目前小孙的抑郁症正在接受药物治疗。总体来说其还是具备基本的生活能力，但是在心理方面还需加以关注和介入。

从谋生的能力来说，目前小孙在职业中专读机械自动化专业，这是一个就业前景不错的专业，将来至少可以获得中专文凭，从第三年开始就可以去相关的岗位工作，以获得实践技能。目前小孙业余时间还在西餐厅帮忙切菜、洗碗，所以也具备餐饮行业后厨工作的一些技能和经验。在谋生的知识和能力上有一定的基础，但是还需加以学习和实践，才能不断成长。

关于社会资本的进一步细化分析和构建将会在第三子项"关系"部分进行详细论述（后续三个个案作同样方式处理）。

3. 财务与金融资本

从收入上来讲，小孙有母亲留下的60平方米的房子可以出租，每月收入900元，还有学校每年给的1000元助学金以及政府发放的每月1000元的孤儿补助，有时候会跟舅舅要点生活费，除此之外，还有他做兼职的收入，综合每月收入大约3000元。

小孙由于其福利身份，上学无须学杂费，在校外的住宿费用也由其舅舅负担。所以在经济上虽说收入不多，但是对于这个年龄的孩子来说可以保证基本的生活了。根据小孙目前的消费情况，并没有多余的钱用于储蓄，如果有额外支出，小孙主要通过跟亲戚开口要来解决，在后期服务中需要加强其财务管理能力。

（二）孤苦无依的小慧

1. 自然与物质资本

小慧的家里有一点农田，可以用于生产，但是目前小慧还是学生，并不会利用这些田地进行生产，因此，农田流转给其他人种了。

小慧的家在农村，距离主城区有20多公里，有完善的道路，但是公共交通相对主城区而言就不太便捷了，公交车的发车频次较低，且站点距离小慧家比较远，她家附近几乎没有出租车和共享单车，平时小慧往返于学校和家都是骑自行车，单程需要20分钟左右，所以小慧在交通方面的基础设施是有所欠缺的。在小慧居住的村委会里，有一些基本的社区设施可以无偿使用，比如社区文娱活动室、体育健身器材等。由于距离市区比较远，因此一些城市的公共资源是难以利用的。

2. 社会与人力资本

从身心健康状况来说，小慧身高1.65米，发育正常，身体健康，在心理上有一定的创伤和压力。父亲去世，令其失去了最亲的人，在心理上失去了依靠，生活的压力都需要自己承担，另外小慧因为自己的处境，心理上也有点自卑。但是小慧对自己的未来已经有一个初步的规划，希望通过教育，即对人力资本的投资来改变自己的贫穷现状。

社会工作者对小慧邻居和小慧的访谈内容如下：

"您知道小慧的父亲去世后，她的状态如何吗？"/邻居："肯定很伤心的啊，但是她一般也不表现出来，有时候会去她爸爸的坟头哭。"

"你现在除了上学照顾自己，你妈妈需要你照顾吗？"/"还好吧……"

"那家里的饭是谁做的呢？"/"我做的。"

"衣服呢，家里的收拾工作也是你弄的吧，很干净哦？"/"衣服我放在洗衣机里洗就行了，家里也是我收拾"/"那你很能干哈。"

"既然想读高中，有没有想过去市里面读好一点的学校呀？"/"市里面我去不了啦，一是我妈妈需要我，二是去市里面我觉得我会自卑，因为我上一届的学长去了省泰中之后成绩就倒数，我不敢去那儿上学。"

3. 财务与金融资本

小慧现在可以获得低保收入、困境儿童每月1000多元的补贴、土地承包的收入，父亲去世前告诉小慧，之前因为他在工地打工，工头还欠他的工程款2万多元。目前政府给予的福利金由村委会委托小慧的一个远房姑姑进行管理，每月给小慧500元零花钱，至于工程款截至本书撰写时，社会工作者在对小慧的服务过程中还未进行这一方面的讨论。

(三) 懵懂快乐的小晋

1. 自然与物质资本

小晋的曾祖父、曾祖母大概有一亩田地已经被征收，所以他们现在属于失地农民，每个月会有一些失地补贴，家里的其他人没有田地，也都没有其他的自然资源。

小晋的家住在郊区，属城乡接合部，公共交通相对主城区而言虽然不算特别便捷，但是已经足够平时上学或者去市区使用，而且上学都有校车接送，所以小晋在交通方面的基础设施是足够的。在小晋居住的社区里，有一些基本的社区设施可以无偿使用，比如社区文娱活动室、图书阅览室、体育健身器材等，或者市区的图书馆、运动馆、博物馆等都可以免费使用。

2. 社会与人力资本

从身心健康状况来说，从社会工作者的观察和从其曾祖父聊天中得知，小晋身体健康，很少生病，面色红润，个子在同龄儿童中不算高，正常体型，不胖不瘦，生活上被照顾得还可以。他很少提及父母，对这个话题有所逃避，其实在小晋的心里还是渴望得到父母的关爱的。

具体对话如下：

"这些玩具是谁买的呀？" / "……………"

"不记得了吗？" / "……爸爸……"

"小晋平时会提起妈妈吗？" / 曾祖父："不会，除非有时候因为他调皮，凶他的时候，会说要去找他妈妈。"

3. 金融资本

目前，曾祖父和曾祖母每人每月有650元的失地补贴，年底每个人额外还有1000多元的失地补贴。从2018年开始，村委会帮助小晋办理了困境儿童福利证，补贴是孤儿的80%，一开始每月 1040 元，后来涨到了 1160 元，保障了小晋的基本生活，但是从 2019 年 1 月起，困境儿童福利的发放就有所延迟，2 月份的福利补贴到 4 月份的时候还没有发放，因为这个福利的发放和小晋母亲的病情息息相关，所以有可能他母亲的病情已经不符合发放的标准。

（四）卧床许久的阿毛

1. 自然与物质资本

阿毛家位于小慧家的邻村，自然资源与公共交通整体情况类似。但是不同于小慧，阿毛的养母有劳动能力，可以通过自家的自留地等实现自给自足的食物供应。另外也是由于困境情况的不同，城市中的公共资源难以利用得到，对阿毛的康复有着非常不利的距离因素，毕竟电动自行车为主的出行方式是无法有效并安全地协助阿毛从家里到康复机构的。

2. 社会与人力资本

从身心健康状况来说，阿毛属脑瘫患儿里面最严重的一类，不能行走，自理能力也完全丧失，瘫痪在床，甚至不会说话，无法与人沟通，阿毛的智力很低，对外界刺激只有本能的反应，社会工作者来到他家，他只是听到门响并朝着响动发出的方向看了一眼，眼神中没有任何神采。

社会工作者与其监护人的对话如下：

"阿毛平时都是瘫在床上吗？" / "对呀，他走不了。"

"和你们有交流吗？" / "他都说不了话的，没有交流的，而且他什么都不知道的，智力低。"

3. 财务与金融资本

阿毛的养父在外打工，养母照顾他的同时做点手工活补贴家用，同时阿毛作为困境儿童，每个月都会获得 1000 多元的政府补贴。由于财务问题比较隐私,截至本书撰写之时,社会工作者还未开始与阿毛的养父母探讨储蓄和后期照顾的议题。

(五)本项小结

从整体上看,几位研究对象所具备的自然与物质资本不算丰足,但也都有极大的潜力;社会与人力资本的激发与调动整体偏弱,是发展性社会工作需要介入与帮助的重点;财务与金融资本,看起来微薄且缺乏规划与指导,而这点正是发展性社会工作所擅长并可着重解决的——合理规划利用现有资源,阻断代际贫困。归结到上述几位研究对象,整体上在自然与物质资本方面,因为所处地域与社会地位的近似,基本差异不大;社会与人力资本方面,小孙需要融入社会、接纳他人或被他人接纳,小慧需要的是指引与支持,小晋在长辈支持方面劣势明显但开朗的性格给他缔造了现在看来比较稳固的朋辈支持,阿毛是其领养家庭的全部,家也是阿毛的全部,解决阿毛家庭的问题就相当于解决了阿毛自身的问题;在财务与金融方面,政府的帮助加之个体及家庭的努力,可以解决基本的需求,但无法满足发展的需求。

四、基于发展性的关系分析

(一)渴望关爱的小孙

本研究从社会支持系统理论的分析出发,对小孙的社会关系进行分析,分为正式支持和非正式支持。

1. 正式支持系统

小孙的正式支持系统,主要有政府和学校以及社会组织的支持,政府从经济上给予孤儿补助,学校每年也给予一定资金的资助,但是这些正式的支持,多集中于经济上的补助,在小孙的心理以及个人发展上未给予足够的帮助。

2. 非正式支持系统

（1）家人/亲戚

在非正式支持方面，小孙早早失去父母双亲，除和祖母有时候会进行交流外，与家里的其他亲属很少交流，甚至与其同辈亲属也很少交流；同时，在社会工作者服务过程中，发现小孙认为亲属的不关心与其亲属的反馈有所差距，这当中也许存在代沟，也许存在其他需要进一步沟通的地方，所以对小孙来说这一方面的社会资本需要进一步发掘与规划。

（2）朋友及其他

小孙在学校和同学、老师也很少沟通，也没有什么朋友，因为小孙认为他们都不理解自己，会主动屏蔽自己的社会支持网络；至于其邻里、社区等，他更是没有一点交往。所以小孙在非正式支持上可以说是非常糟糕的：一方面小孙渴望得到关爱，另一方面又缺乏对亲朋的信任，这对于患有抑郁症的小孙来说，是非常不利的。

具体对话内容如下：

"在学校呢，老师会关心你吗？"／"没有特别关心，就和普通学生一样。"

"你和班上的同学关系怎么样？"／"很一般，我觉得他们也不能理解我。"

"那你希望和他们关系好一点吗？"／"还是希望的，也希望和同学相处愉快，但是觉得很难，还是算了吧。"

（二）孤苦无依的小慧

本研究从社会支持系统理论的分析出发，对小慧的社会关系进行分析，分为正式支持和非正式支持。

1. 正式支持系统

小慧的正式支持系统,主要有政府和学校以及社会组织的支持,政府从经济上给予各项补助,学校的老师会对她有所照顾,关心她的成长,社会工作组织会定期上门提供服务,陪伴她共同制订学习计划、给予人际关系处理上的帮助。在正式支持上,小慧的社会支持网络是完备的。

2. 非正式支持系统

(1) 家人/亲戚

在非正式支持系统的家人/亲戚方面,小慧的父亲去世了,母亲因为精神残疾,无法像正常母亲一般给予其关爱,小慧的父亲本身就是由祖父祖母领养的,也是祖父祖母唯一的孩子,他们去世后也就没有其他近亲了,小慧的母亲是贵州远嫁过来的,虽然那边有小慧的两个舅舅,还有外婆,但是因为距离太远,无法给予实质性的帮助和支持。

具体对话内容如下:

"你还有姑姑、叔叔之类的亲戚吗?"/"没有的,因为我爸爸不是我奶奶亲生的孩子,他们本来就没有孩子,相当于只有我爸爸一个。"

"那你妈妈那边呢?"/"我妈妈是贵州嫁过来的,我有两个舅舅,只是偶尔通过电话联系。"

(2) 朋友及其他

在学校里小慧没有关系较好的、可以获得支持的同学,但是在村里有好朋友,以及她家的邻居经常给予其力所能及的帮助。所以小慧在非正式支持上有良好的朋辈和邻居的支持,但是缺少亲属的支持。同时根据社会工作者与小慧邻居的交谈得知村子里多数村民都对小慧报以同情,并愿意提供力所能及的帮助。

具体对话内容如下:

"你在学校有关系比较好的同学吗?"/"没有。"

"那你有好朋友吗?"/"有,K(村内邻居家的女孩)……"

"那你可以跟我说说和她们之间发生的一些事情吗?"/"就平时在一起玩……"

(三)懵懂快乐的小晋

本研究从社会支持系统理论的分析出发,对小晋的关系进行分析,分为正式支持和非正式支持。

1. 正式支持系统

小晋的正式支持系统主要有政府以及社会组织的支持,政府从经济上给予各项补助,使他在经济上有了基本保障,但是如果困境儿童的福利被收回,他就有可能失去这项支持;社会工作组织会定期上门提供服务,陪伴他成长,帮助他制订成长计划,协助家长共同帮他养成良好的生活习惯。在正式支持上,小晋的社会支持网络目前是完备的。

2. 非正式支持系统

(1)家人/亲戚

在家人/亲戚方面,小晋的父母曾因吸毒服刑,后来母亲回了安徽老家,父亲很少回家;祖父也在外打工,偶尔回家,祖母和祖父离异;曾祖母外出打工,实际只有曾祖父在家照顾他,所以小晋缺少亲人的照顾,在亲属支持这方面不足。

社会工作者与小晋的对话如下:

"爷爷晚上回家吗?"/"一般不回来,他在泰东打工。"

"那你平时和谁一起呢?"/"就是太爷爷(曾祖父),晚上和太爷爷一起睡。"

(2) 朋友及其他

在幼儿园,小晋有很多的朋友,以及在他家的周围,也有很多和他关系不错的小伙伴,所以在朋辈支持这方面,小晋的支持基本正常,但随着年龄的增长可能会有其他变化。

具体对话内容如下:

"你在学校有关系比较好的同学吗?"/"有啊,我有很多好朋友。"

"嗯,那你和朋友们一起都玩什么呀?"/"我最喜欢和小古一起玩陀螺。"

"那他的家人认识你吗?"/"认识的,他家就住在我家附近。"

(四) 卧床许久的阿毛

本研究从社会支持系统理论的分析出发,对阿毛的社会关系进行分析,分为正式支持和非正式支持。

1. 正式支持系统

阿毛的正式支持系统主要有政府和社会组织的支持,政府从经济上给予困境儿童补助,并且通过购买服务,让社会组织定期上门提供服务,指导阿毛的家人学习更好地照顾他,缓解家庭压力。在正式支持上,阿毛的社会支持网络是完备的。

2. 非正式支持系统

在非正式支持方面,阿毛的家庭人力充足,并且家庭和睦,这些家人都能够给阿毛提供帮助,所以阿毛在亲属的非正式支持上是很好的。阿毛的家人与邻居相处和谐,经常互相帮忙,在邻里的非正式支持方面尚可。但是阿毛因为脑瘫，所以无法上学，甚至无法走出家门，也无法与他人建立友情，缺少社交网络，所以缺乏朋辈的非正式支持。

（五）本项小结

经济的发展及社会福利政策的转型带动社区、学校、社会对困境儿童进行各方面的正式支持，但还不足以成为完善的正式支持系统，因为系统内的各环节分配与协调还存在着不足。另外还存在正式支持系统的服务输送问题，很多困境儿童家庭因自身能力不足，难以被挖掘并被利用起来；同时很多困境儿童陷入困境的直接原因就是离其最近的非正式支持系统——以家庭为主的功能失衡，如小慧的父亲去世等，通过发展性社会工作的理念与案主一起探讨自己所拥有、可开发的社会资本，并协助其开始运用起来，更有利于在社会工作组织撤出之后，让困境儿童持续生活在"安全网"中。这也许是发展性社会工作的一项如"万金油"的作用，在服务对象的危机解决后，逐步陪伴其一起构建属于他/她自己的长效安全网。

第三节 介入与讨论

一、传统与发展性相结合的介入

（一）介入简介

针对小孙社会工作组织拟定的服务方案是从其抑郁症开始入手，通过陪同就医，协助其与家人沟通等，及时处理其自伤倾向，并开始和他一起探讨未来，共同拟定未来就业和发展规划，然后进一步和其一起讨论财务议题，通过记账、账目分析等手法，探讨支出的合理性，为刚毕业到找到工作之间没有收入的空窗期做打算等。

对小孙的家庭的介入是下一步的议题,提升监护人教养知识水平、巩固监护能力等,让其监护人能够了解到小孙的现状,理解小孙,并协助小孙更好的康复。另外社区支持也非常重要,志愿者组织与探访、社区康复资源等可以使小孙更好地面对现状,并积极地调整与康复,最后重构其生命历程。

(二)成效讨论

小孙有意识到自己的心理状态不好,怀疑自己患有抑郁症,出于对抑郁症的恐惧和改变现状的渴望,使其有较高程度的求助意愿,对社会工作服务的接纳程度很高。社会工作组织积极且善意地接受小孙的求助,在给予其帮助的同时,力图最大程度激发其抗逆力,在接受帮助的同时完成自助。

社会工作者同小孙一道制订了短期、中期及中长期计划,鼓励小孙树立明确的目标,在追求目标时要专注、努力,并能去感受达成目标带来的成就感与喜悦感。接案后社会工作者陪同小孙接受了专业医院的鉴定与诊断,确诊小孙为严重的抑郁症患者,需要进行持续的药物治疗。前期因为药物治疗会带来眩晕、头痛、恶心反胃等不良反应,小孙会借口头晕不利于复习考试等原因,有多次中断药物治疗的情况;经过社会工作者的疏导强化了小孙保持药物治疗的决心。同时联系小孙的舅舅、姑姑等亲属监督其保持药物治疗,还可以借此促进家人对小孙的关注与关爱,从一定程度上满足小孙的感情需求。从近期效果上看,小孙明显感受到了家人的关爱,并有一定的回应,有表现出对亲情的渴望。

在社交层面,社会工作者正准备与小孙所在学校联系,试图共同努力促使小孙回归集体住宿,以提供更多与同辈建立朋友关系的机会。社会工作者也计划用专业的方法引导小孙正视自己、正确认识朋友关系,促进其建立起自己的社交圈、朋友圈。

在经济方面,社会工作者已经开始帮助小孙学习财务规划方面的知识，从记录日常账目做起，并定期进行账目分析，促使其进行理性消费，合理规划现有财富。进一步引导其进行中长期的金融规划与职业规划。

从社会工作服务对象接纳开始，链接力所能及的有效资源，根据实际情况激发服务对象的抗逆力。用心理疏导辅助专业医疗与药物治疗，借由监督服药、安全看护等必要治疗手段，梳理服务对象的社会资源，响应服务对象的社交需求，鼓励并引导其正确认识自己，在接受帮助的同时完成自助过程。

（三）接纳程度

服务对象主动求助，对社会工作的接纳程度较高、期待值更高。社会工作者从其最直接的诉求开始，最大程度地满足了服务对象的期待；但接下来，在经济规划与社会资源梳理方面，服务对象显示出一定的不理解，在社会工作者的引导下，服务对象已经开始理解并充分配合社会工作者的工作。期待在服务成果进一步显现后，服务对象的改变能更加明显，对社会工作能保有肯定的态度，也要防止服务对象过于依赖社会工作者，降低自身能力的激发。

（四）本项小结

接触此服务对象的初期，社会工作者的反应是茫然的，对于此类型的服务对象，从传统社会工作理论看，社会工作只能将其转介于专业的心理医疗或咨询机构，配合医疗级别的精神治疗。而且专业医生也表示根据该服务对象的情况，心理疏导只能起到可有可无的辅助作用。在引入发展性社会工作理论后，社会工作者看到了更多可以切入的角度。以服务对象的核心需求为中心，帮助其梳理资源、制订计划，带动其自觉地转移聚焦点、拓宽自身视野，用介入过程中的专注、努力与目标达成后的喜悦、成就感冲淡抑郁症带来的痛苦。此案例中如果由助人到服务对象自助的目标达成，将是社会工作者工作生涯中值得记录的一次成就。

二、注重人力资本的发展性介入

（一）介入简介

对于小慧来说，个人的经济议题方面需要尽早开始探讨，因为其福利身份带来的社会救济与救助会在其18周岁时失去，虽然到时如果她没有就业，或者就业后收入比较低，还会有最低生活保障金等社会救助，但是相对于其目前所领的孤儿补贴会有一个较大幅度的下降。所以社会工作者和小慧最开始的合作就是共同探讨财务规划和储蓄的问题，以及如何通过读书谋求更长期的福利身份。

如前文所述，读书是一种性价比较高的人力资本投资方案，而且小慧的学习成绩在学校排名还有一定的上升空间，所以社会工作者与小慧的第二个合作是一起讨论职业生涯规划，读什么样的高中和大学会获得全额资助，读什么样的学校会获得部分资助等，以及各自需要什么样的条件，需要何种努力等。

另外，小慧的自我防御机制造成她会刻意地控制自己的社会交往圈，同时小慧的年龄刚好处于青春期早期这个阶段，社会工作者与小慧的第三项合作是共同学习和讨论对友情和爱情的认知，并招募大学生志愿者对其进行陪伴与辅导等。

对于小慧的家庭，用服务她的社会工作者的话来讲是"看似无用还有用"，虽然小慧的亲友大多数居住在贵州，但是通过微信联络可以实现部分的情感支持；而在本地的远房亲戚，虽然几乎血缘关系已经出了五六等亲了，但是在例如其父亲丧事操办等重大事件上都发挥了巨大作用，让小慧在社区里面并不孤立。

（二）成效讨论

社会工作者对小慧的服务属于主动介入，服务对象本身的独立性与自卑的性格形成了一定的隔阂。前期最大的成效就是打开了小慧的心防，建立起了比较稳定的信任关系。

接着社会工作者从小慧最直接的渴求——提高学习成绩，用读书改变命运入手，巩固信任关系，进而引导小慧梳理现有资源，做出更合理且达成概率更高的规划，为小慧的发展点明方向、打下基础。在此过程中，社会工作者发现了小慧有更多需要帮助的问题与潜在的困境。其情绪需要合理疏导。福利身份可能在最关键的时期断档，即高中毕业后相关的政府补贴会减少或停止发放，而接受高等教育和大学毕业后直至就业前的空档期没有足够的经济积累。

面对上述问题，社会工作者已经开始点明服务对象，服务对象也开始了解到这些问题的重要性，并开始配合社会工作者进行规划并改变。在进一步激发服务对象本身具有的抗逆力的同时，引导服务对象朝着更加光明的未来前行。

（三）接纳程度

服务对象的家庭具有坚强独立价值观的传承，小慧受其父亲的影响很深，表现在外最大的特点就是对别人施与的帮助有一定的抗拒性，在接受帮助后也会有一定的羞愧与自卑的表现。在社会工作者主动地袒露和深入剖析后，服务对象已经可以把社会工作者当作朋友，对社会工作者提出的问题可以正视，对社会工作者给予的帮助也能接受，对其他人的善意帮助也有了更合情理的认识。

服务对象的紧密关系人与周边社会关系人能主动地帮助社会工作者开展工作，服务对象的支持体系被全面地调动起来并开始充分发挥作用。

（四）本项小结

社会工作者最初主动开案，展开对服务对象的帮扶工作，目的仅在于解决服务对象表露出的问题。接触后，服务对象强大的复原力令社会工作者感到惊讶。深入、客观地了解服务对象与服务对象的境遇后，社会工作者发现服务对象生活困境的背后有着更难以规避的问题。因此，社会工作者针对潜在问题，运用发展性社会工作理论，指引服务对象正视自我，正视周围的资源，做出科学合理的规划，积累资源、合理利用资源。在前瞻性与预防性上社会工作取得了很好的效果。

在后续工作中，社会工作者已经开始注意对服务对象的帮助方法进行细节的调整，在规划未来的同时更要切实关注眼前的问题，引导的同时更要做好保障工作。

三、迫于无奈的发展性介入

在社会工作组织第一次接触困境儿童小晋的时候，小晋才13个月大，根据其当时的家庭情况，按照传统社会工作的思路完全可以进行替代性服务，剥夺其父母监护权，并进行收寄养，但是由于政策方面的种种原因，迟迟不能实现，最后社会工作者只能采用补充性服务，为其家庭提供发展性介入。

（一）介入简介

首先在个人层面，小晋年龄比较小，未来有无限的可能，对于其自身的人力资本投资再怎么多也不为过，需要进行及时辅导并陪伴其成长。同时由于其年龄较小，所以在交友认知方面没有太多家庭环境因素的影响，从长远来看，其需要社会工作者的陪伴与辅导，以避免其以后可能出现的交友方面的困扰。

其次在家庭层面，小晋家庭需要进行复原性社会服务，改变其家长的不当行为和药酒瘾问题，例如其曾祖父出门干活时将其独自留在家中、其祖父自戒毒所被强制戒毒完成后会对其施以暴力等。需要进一步依托社区资源，开展社区联动，通过自助互助小组实现临时照顾，或进一步推进社区托幼托顾相关服务的建设。

最后在社区和社会层面，除处理类似前面两个案例的社区层面的介入以外，还需要进一步推动和完善国家监护制度体系的建立，在监护人出现不当监护的时候就应及时干预，提供替代性服务等。

（二）成效讨论

服务对象来源为排查筛选而出，按照当时的情形，帮扶的重点落在基本生活保障上。在社会工作组织介入后发现其直系血亲父母、祖父都涉毒，这样排除家族不良倾向对服务对象的健康成长至关重要。由于服务对象年龄尚小，社会工作的介入极为重视其自由发展的可能性，而服务对象单纯的表现，也体现出了积极正向的成长趋势。社会工作者最后选择陪伴与照顾。

服务对象特殊的家庭状况导致对其监护不足。为弥补监护的不足，重新梳理服务对象的社会资源成为社会工作者展开工作的切入点，意图直取服务对象当前面临的最核心问题，即服务对象生命安全的问题。解决监护问题的同时，完成了对服务对象社会资源的梳理工作，针对服务对象的情况，为服务对象建设起隔离不良成长环境与不良嗜好影响的屏障。

具体成果体现在服务对象有比较稳定的监护人以及对监护人监护知识的普及与正向指导。服务对象的曾祖父开始更注重对其的陪伴与监护，直接缓解了服务对象监护不足的情况，减少了服务对象面临危险的可能（落水、被独自锁在家里等情况）。

社会工作未来的工作重点在于防止不利于服务对象监护关系的情形出现——其祖父可能因为吸毒等原因再次入狱或被强制戒毒；服务对象的父亲在被强制措施解除后可以回归家庭承担起监护义务，服务对象的母亲可能因为患有重症永远地离开服务对象……对此类意外带来的不可预测的后果，社会工作要注意正向引导服务对象的成长。

（三）接纳程度

服务对象本身年龄较小，小男孩活泼开朗的性格使得他很容易就接纳了给他带来礼物、陪他玩耍嬉戏的社会工作者及志愿者。

服务对象的监护人，也很欢迎社会工作者的帮助，能积极接受社会工作者提出的建议，改正监护行为中的不足。

（四）本项小结

服务对象复杂的家庭环境，虽一度令介入工作无从下手，但介入后能直接显示出成果，可以建立信任。更深一步介入的切入点并不是很快就能找到的。直到在访谈中了解到服务对象曾因监护不足面临生命危险的情况，才确定以普及安全监护的知识，帮助监护人守护服务对象安全健康的成长为前期的目标。根据发展性社会工作理论，调动可发动的资源，共同将服务对象未来的福祉制订为长期目标。社会工作者对此服务对象的帮扶、照顾将是一个长期的过程，责任重大不容松懈。

四、注重社会资本的发展性介入

（一）介入简介

首先在个人层面，脑瘫儿童可以通过早期干预来获得比较好的康复预后，但是社会工作组织接触到阿毛的时候，阿毛已经错过了康复的黄金时期，预后效果可能非常差，社会工作者在对其个人层面的服务无法展开工作，只能进行专业资源的链接，尝试进行康复治疗。

在家庭层面，"脑瘫拖垮全家"在新闻中常常看到，如2018年7月25日，9岁大的脑瘫女童被父亲和祖父放入书包的8斤砖头溺死在河中；7月31日，安徽合肥市一名12岁的脑瘫女孩被父亲活活掐死在小区绿化带里（西洋参考，2018），基于此，家庭压力的释放和社会资本构建等非常重要。

针对阿毛的家庭情况,社会工作组织主要提供帮助其监护人教养知识水平提升、巩固监护能力、促进就业以及加入自助互助小组避免群体孤立等四项服务,同时也结合实际情况利用社区支持,提供喘息服务,协助阿毛的首要监护人调整身心、释放压力。

另外在社区层面,前文已经提及了社区支持方面的情况,但是由于实际执行刚刚开始,所以这方面的服务还在与社区进一步对接中,例如,志愿者组织与探访、社区康复资源、居家照顾等。

(二)成效讨论

基于服务对象身体与智力等情况,社会工作者无法与其直接交流,对其处境的改变,主要从其所处的监护环境与未来预期的角度衡量。

服务对象的主要监护人对脑瘫患儿的抚育知识与能力得到了直接的提升,社会工作者和志愿者的支持给了她更多的信心,也给了她一定的自我恢复、自我成长的空间。随着服务进一步深入,链接更为切实与广泛的社区与专业资源后,服务对象家庭的经济状况将得到一定好转,外出打工的养父有望就近就业,以便为服务对象提供更好的监护。

(三)接纳程度

长期的困境使得服务对象的养母对每一丝改变服务对象困境的希望都不会放弃,对社会工作者的接纳程度和依赖程度都很高。社会工作者经过一段时间的努力,工作成果也得到了服务对象家庭的认可。服务对象家庭对帮扶仅止于"经济支持"的错误认知得到了矫正。

(四)本项小结

针对困境儿童阿毛的情况,社会工作者开始深感无力,觉得对他的服务不会有太多用处,"一般的服务方式与方法,很难对服务对象起到直接的帮助效果,服务对象对服务的反应也无从知晓"。基于发展性社会工作理论,对服务对象可能获得的资源梳理与规划成了主要工作角度与方向,发展性社会工作理论在此方面的作用是其他方式方法所不可及的。

第五章 讨论与建议

第一节 研究结果

一、发展性社会工作与困境儿童政策的契合

(一) 合作参与解决自上而下的困局

其实前文反复讨论的政策的一个缺点是"操作细节把控模糊",其中有些政策文本几乎是对上级文件的直接援引;结合前文政策变迁的相关讨论可知,困境儿童相关政策执行有一个自上而下的过程。发展性社会工作介入的时候,通过引导社区居民积极参与——这种参与式民主,实现满足儿童及家庭需求与政策及政策执行的完美对接。

在前文对于政策介绍,以及后文对比发展性社会工作实务板块和困境儿童保障相关政策中也可以看出,困境儿童保障政策虽然有实施方案等字样,但依旧是一个框架性的文件,这就需要与服务对象合作,让其参与进来,使服务策略变得更加合理,符合现实,具备可操作化。

(二) 伙伴关系解决人力与专业的困局

前文中提及的社区人力资源不足、社区及社会组织中专业力量不强的问题,归根结底是"大政府"思维造成的,政府控制了

绝大多数财力和资源的情况下，无论服务所需的人、财、物，还是服务对象所有的期待，都会聚焦在政府身上，期待政府给予更多的人力、物力、财力投入，然而即使物力、财力能够跟得上，人力也不可能立即得以实现，尤其是专业方面的人力。

当以发展性社会工作为主轴进行服务时，就可以解决部分这方面的困局，其基于福利多元主义的伙伴关系议题，可以通过培育社会组织、更广泛的社区动员等实现人力资源方面的有效补充。尤其是发展性社会工作中所建议的非专业人士的探访与陪伴，给其出现的人力难题提供一个解决方案。

（三）串联宏观——微观解决舆论氛围困境

困境儿童面临的舆论氛围困境，最主要体现在制度的宏观指向与帮扶政策、方法的微观指向之间的空白部分。就服务对象个体而言，这部分空白显示在其所处的中观环境，例如其居住的社区、就读的学校、工作单位等机构、团体。前文已完成对政策的解读以及服务措施的分析，围绕服务对象的帮扶、救助过程急需串联起宏观、中观与微观层次的链接与升华，因此服务对象所面对的舆论氛围自然会得到改善以及解决其他方面困境的门槛也会大大降低。

发展性社会工作对服务对象的关注点，除了服务对象本身的困境之外，能用更高层次的视角与观点，带动更多层面的资源，此部分资源的源头正是服务对象所处的中观环境。在宏观制度的指导下，自上而下的确定方向，针对服务对象自身的微观层面，自下而上的增能赋权，进而充分发掘中观层面的资源、舆论支持，以困境儿童为中心串联起微观——中观——宏观的生态帮扶系统。

（四）本项小结

困境儿童相关保障政策的基本理论逻辑和发展性社会工作有部分相似之处，都比较关注困境儿童及其家庭的经济情况，不同点在于困境儿童保障政策强调保障,以直接给予为主;而发展性社会工作则强调积累与储蓄,不仅需要给予,还需要教会其使用,推进其资产积累。根据前文分析可知,虽然发展性社会工作的理念较困境儿童保障政策更为先进,并需要更多资源的投入,但是困境儿童保障政策并非是排他性的,两者可以做到大体契合。

发展性社会工作介入困境儿童在政策方面主要起到深度解读与实践落地的作用。在自上而下的层面,发展性社会工作充分解读政策,调整施行方向;在自下而上的层面,发展性社会工作可以带动参与式民主,调动一切可调动、有机会、有可能调动的资源,巩固两方面的衔接与不足,形成以服务对象为中心的帮扶体系。

二、发展性社会工作对困境儿童需求的响应

(一) 基本生活保障后的提升需求

政府基于大范围内的平均水平,所制定困境儿童相关的补助金额结合其所在家庭的生产能力在保障儿童基本生活的基础上或有些许结余。但困境儿童家庭普遍贫困的情况并没有改善,甚至有贫困代际转移的趋势。部分原因是家庭成员的内部消耗,部分困境儿童本身或其家人有残疾或重大疾病,结余的财富都投进了求医问药的无底洞。同时,其家庭也缺乏财务规划。在长期的低收入、低消耗生活压抑下,极有可能会有两种极端情况出现,一是认为补助金本就不多没必要再算计,二是"久贫乍富"的宣泄性、报复性消费,两种情况都会导致本应出现的结余花光甚至出现亏缺。此外,再生产能力发掘不足。许多服务对象的家庭都存在节衣缩食积攒下的财富,没有机会、没有管道、看不清切入点、把不住运作方向导致无法投入再生产。

儿童的发展需要相当的资源投入,在基本生活得以保障之后,其比较的需求、发展的需求要不要继续满足?而这层面上的满足,

是过量的输血还是促进其造血,其中的选择不言而喻。这就需要相关(金融)专业方面的指导了。

另外,能力范围内的财富再生产方面,已有一定的资源链接,并进行了一些专业指导。总之开源节流的意识与能力,需要重点培育。这样才能既改变现有困境,又能阻断贫困的代际转移。

(二)监护能力与家庭综合能力的需求

提升监护能力是家庭综合能力增强的重要部分,相关家庭氛围的改变,家庭目标的设定、家庭发展能力的补充等都需要专业的指导与推动。另外,对监护失责,家庭暴力等违法现象的出现,也不能只依靠受害者(多数为儿童)自觉发声,需要更多贴近服务对象家庭、贴近服务对象本身的观察、监管力量的出现来加以威慑与治理。

(三)对未来的指引

很多困境儿童对未来的规划是模糊的、迷茫的甚至是不敢想的。政策的保驾护航是有限度的,在义务教育阶段,政府的政策可以给困境儿童与普通儿童相同的受教育机会与更有力的保障,资源和机会上都是相对平等的。但在义务教育之后的高等教育方面,政策层面的帮扶是有限的,甚至是无力的,困境儿童在经济和视野上的劣势会集中暴露。首先是面对要不要缩短受教育期限的选择,其次是要面对选择进修还是学习技术、技能方面的困局,还要面对学业结束到找到工作获得收入间隙中的生存压力。端正自我认知,合理规划未来,才是困境儿童彻底摆脱困境,断绝贫困代际转移的根本所在。

(四)本项小结

困境儿童的需求,除了眼前可见的基本生活保障、监护及家庭能力提升之外,更重要的是未来的规划与发展。解决眼前问题最终也是为了儿童获得更好的未来。发展性社会工作基于家庭经济能力改善、家庭社会资本建设等方面的实务议题完全可以回应相关需求，让服务对象能够着眼未来从而建设美好人生。

具体来说，发展性社会工作有非常多的实务方法，其中部分实务方法与困境儿童保障制度或其他政策相冲突，无法进行相应的实践，但是绝大多数的实务方法是包含在现有政策体系内，当然根据前文分析执行情况并不理想，需要加大人力和物力的投入。另外还有一部分操作实务方法没有包含在内，且不与现行相关制度相冲突，可以通过专业人员的服务与倡导，进一步推动服务创新和政策变革。

困境儿童保护政策是一个自上而下的政策，在政策文本中留有足够多的空间用以拓展和回应困境儿童的需求。通过发展性社会工作的合作理念可以充分实现一个自下而上的途径，对政策进行有益的补充。两者间的融合有利于更好地服务困境儿童，能够做到相得益彰。

三、发展性社会工作的服务递送与服务对象接纳情况

由于部分地区的儿童领域的社会工作服务刚刚起步，所以在服务过程中服务对象对社会工作的接纳程度呈现出矛盾的状况，一方面他们表现出非常感激，因为以前很少有人持续关注到他们，另一方面，由于他们不了解社会工作又非常防备。

（一）直接服务方面

1. 嵌入与服务对象合作的原则

在服务递送过程中，社会组织与社会工作大多通过嵌入困境儿童保护政策体系内进行相应的服务，同时当社会工作基于发展性社会工作服务时，通过与服务对象的合作，充分发挥服务对象的主观能动性，基于现有资源，储蓄美好的未来。

2. 能够从环境定位服务问题

前文构建了发展性社会工作的评估体系,整体是一个基于服务对象所处的具体环境的评估,并不聚焦于服务对象的个人缺陷与问题,更多聚焦于其所处的环境,以及本身的复原力、资本、关系等,有利于用一种更广阔的视角推动服务对象的改变。

3. 社会投资策略执行较为困难

由于银行政策等方面的原因,在已经进行的服务中,没能推动并构建起类似儿童发展账户的政策;同时由于低保家庭政策的原因,部分家庭不愿意储蓄(假设其可以储蓄的情况下),担心储蓄会让其失去低保家庭身份。对于困境儿童中非基于经济因素的福利身份儿童(如孤儿),大多愿意对于规划支出情况,有计划地储蓄,为未来的升学就业早做打算。

(二) 政策倡导方面

1. 福利多元主义和伙伴关系

在原有的政策体系中,已经开始探索福利多元主义的议题,针对困境儿童服务引入了各类社会资源,而发展性社会工作的服务理念与实务方法则为这一部分的操作过程提供了具体的细节,使专业组织、志愿团体等专业和非专业力量的介入途径变得科学合理。

2. 微观、中观、宏观多层次社会服务体系

基于发展性社会工作的服务体系,困境儿童的服务过程不再只是个案服务,而是包括中观的朋辈小组介入、家庭及家族资源加强,宏观的社区教育、社区资源加强等多层次的社会服务体系的构建。

3. 结合金融社会工作进行经济层面的赋权增能

困境儿童服务政策首先是给予困境儿童生活保障所需的资金,但是资金的使用并没有得到很好的指导,部分困境儿童的生活补贴甚至会被其祖父母"挪用"以治病等。在具体的服务过程中,社会工作结合财务社会工作相关方法,提升服务对象的财务知识

水平，部分管理家庭财务的困境儿童已经开始学习记账以及做资金规划，而大多数困境儿童家庭由于关系未建立以及财务隐私等方面原因还未深入到这一步。

（三）本项小结

在目前的困境儿童服务过程中，虽然引入了发展性社会工作的理念，进行了发展性社会工作的介入，且通过和服务对象的合作过程看到发展性社会工作实践的可行性，但是无论是社会工作组织还是服务对象及其家庭等对发展性社会工作的认识依旧不足，仅能大体按照发展性社会工作的分析架构和介入板块去进行初步的实践，还需要进一步本土化并内化其具体价值观等。

第二节　研究限制与建议

一、研究限制

（一）服务时间不足

由于本书主体部分于 2019 年 6 月完成，当时相关实践刚刚起步，发展性社会工作介入困境儿童的相关服务仅有半年时间，服务的成效还不能很好地显现，只能分析出服务对象对于发展性社会工作的接纳程度，以及对部分技术手法的认同程度。对于发展性社会工作服务于困境儿童的具体成效，以及进一步在技术上可行性的探讨，还需要放在更长的历史周期里面总结归纳。

（二）访谈资料的完整性

本书的主要研究对象为困境儿童及其家庭，多数困境儿童都是第一次接受研究者的访谈，同时也是第一次接受社会工作服务，因其家庭其他成员大多数年龄偏大、学历层次低，未能充分表达其主观意见。加上研究内容中涉及家庭中的财务隐私、照顾者状况等难以启齿的话题，碍于时机未能进行更细致的探讨。

（三）政策与研究限制

发展性社会工作的一个核心方法是资产累积，但是由于金融政策的限制以及研究资金的限制，目前没有进行相应的探讨和尝试，在后续的研究中希望能有所突破，进一步推动发展性社会工作的发展。

（四）本项小结

社会工作项目实施和研究通常会受到很多因素的限制如人力、时间、经费、服务对象的状态等。提前设计好的目标在实施过程中也会受到各种因素的影响。与其说是项目与研究的局限，不如说是项目与研究在未来有需要完善的地方，这些需要完善的地方可以形成未来研究和实务的议题。

二、建议

（一）进一步加强发展性社会工作的本土化研究

本书初步探讨了发展性社会工作介入困境儿童成长的可行性，基于现有困境儿童保障体系也提出了简单的介入路径，但是由于上文所提的研究限制，对于发展性社会工作具体的本土化研究依旧不足，尤其是在农村地区儿童问题的隐蔽性会出现社会工作干预过晚的情况等，造成介入更加困难，服务成效的显现更加缓慢。

（二）进一步关注困境儿童所处的环境而非其自身

虽然在评估中，单独将社会资本、关系一项列举出来了，但是在实际服务过程中，这一项互动还需要进一步加强。例如，案例中小慧的外婆等亲友资源远在贵州，虽然有通过微信等手段实现部分联络，但是实际对小慧的帮助并不大，在服务过程中社会工作者也不太愿意联系其贵州的亲属，而更愿意联系本地政府等正式资源。

目前，在政策体系和服务过程中存在一个问题，就是过多地关注服务对象本身，而非其所处的环境，甚至部分困境儿童家庭其他成员也认为"只要搞好成绩其他就都有了"。所以在社区教育和政策倡导等方面还需要进一步加强，推动整体的思想改变，以构建困境儿童进一步发展的环境。

（三）长期持续的资源供给才能带来改变

困境儿童的服务政策基本是基于儿童的年龄、家庭经济条件等因素进行保障服务的，看起来是一个持续性的福利供给体系，但是福利身份认定带来的这种福利供给仅有经济扶助是持续的，其他的诸如心理需求、社会交往等方面的服务不是被忽略，就是采用项目化运作造成服务片断化，难以持续，缺乏长期目标以及稳定的服务供给。

（四）本项小结

首先，本书存在不足与待验证之处，需要通过今后的不断研究加以论证与完善；其次，发展性社会工作虽然产生于西方世界，很多地方与我国国情还算契合，却终究是一个舶来品，还需要更多的推广与实践。但是保障儿童的权益、促进其健康快乐成长是刻不容缓的，更应该不断包容兼蓄、博采众长，进一步推动儿童保护事业的发展与进步，将政府力量、社会组织力量甚至所有人的力量共同联合起来，建立全社会共同参与的困境儿童保护机制，才能做到困境儿童保护的全覆盖。

第三节　结语

在政策契合度上，困境儿童保障政策中留有足够多的空间用以拓展和回应困境儿童的需求，发展性社会工作的相应理念可以对政策进行有益补充，两者的融合更有利于服务好困境儿童，做到相得益彰；在实务过程中，基于与服务对象合作的原则、从环境定位服务对象等问题，着力进行社会投资策略、结合财务社会工作进行赋权增能，并通过构建福利多元主义和伙伴关系，以及从微观、中观、宏观多层次社会服务体系等进行发展性社会工作的介入，从目前和服务对象的合作过程已经可以肯定发展性社会工作实践的可行性。

  同时，无论是社会工作组织，还是服务对象及其家庭等，对发展性社会工作的认识依旧不足，仅仅能大体按照发展性社会工作的分析架构和介入板块去进行初步的实践，还需要进一步地进行本土化研究，内化具体价值观等，并通过更多的推广与倡导，促进发展性社会工作以及困境儿童保护事业的共同成长。

  本书主体部分完成于 2019 年 6 月，在本次出版时虽然补充了部分新资料，但是难免有诸多不足之处，还请读者见谅。

参考文献

一、中文文献

[1] 北京市民政局社会福利管理处. 关于建立北京市困境儿童分类保障制度的意见（京民福发〔2016〕228号）[A/OL]. (2016-06-13)[2021-06-30]. http://www.beijing.gov.cn/zhengce/zhengcefagui/201905/t20190522_59268.html.

[2] 北京市政府. 北京市人民政府关于加强困境儿童和留守儿童保障工作的实施意见（京政发〔2016〕58号）[A/OL]. (2016-12-13)[2019-06-30]. http://zhengce.beijing.gov.cn/library/192/33/50/438650/78049/index.html.

[3] CONLEY A. 社会发展、社会投资与儿童福利[M]. 罗秀华, 译// MIDGLEY J, CONLEY A. 社会工作与社会发展：发展性社会工作的理念与技术. 台北：松慧文化, 2012：51-52.

[4] 大河网. 河南兰考通报致7死火灾事故：承认存在监管漏洞[N/OL]. (2013-01-05)[2019-06-30]. http://news.sina.com.cn/c/2013-01-05/185225961536.shtml.

[5] 戴超. 试论困境儿童的国家救助——以儿童福利理论为视角[J]. 上海：当代青年研究, 2014 (3)：78-83.

[6] 凤凰网. 绝望的童年——毕节4留守儿童喝农药身亡[N/OL]. (2015-06-11)[2019-06-30]. http://news.ifeng.com/society/special/bj4lsethnysw/.

[7] 冯燕. 推荐者序一[M]//黄琢嵩, 郑丽珍. 发展性社

会工作：理念与实务的激荡．台北：松慧文化，2016：3．

[8] 冯元．转型期流浪儿童救助服务创新探讨——基于福利多元主义视角[J]．长春：长白学刊，2013（1）：139-142．

[9] 高晓巍，左停．农村社区互助与农户生计安全[J]．南宁：广西社会科学，2007（6）：149-152．

[10] 郭登聪．金融海啸复苏否？对中高龄失业者应有如何的社会福利对应：从工作所得补助方案停办谈起[C]//中正大学社会福利学系．20周年系庆学术研讨会论文集：台湾社会福利发展与政策研究回顾与前瞻．嘉义：中正大学．

[11] 郭登聪．金融社会工作运用在发展性社会工作策略可行性探讨[J]．台北：台湾社会工作学刊，2016（16）：1-40．

[12] 国务院．国务院关于加强困境儿童保障工作的意见（国发〔2016〕36号）[A/OL]．（2016-06-16）[2021-06-30]．http：//www.gov.cn/zhengce/content/2016-06/16/content_5082800.htm．

[13] 国务院妇女儿童工作协调委员会．九十年代中国儿童发展规划纲要[A/OL]．（2008-10-27）[2019-06-30]．http：//www.cnr.cn/2008zt/fnsd/zcfg/200810/t20081021_505129630.html．

[14] 哈尔，梅志利．发展型社会政策[M]．罗敏，译．北京：社会科学文献出版社，2006．

[15] 胡幼慧．质性研究理论、方法与本土女性研究实例[M]．台北：巨流图书有限公司，1996．

[16] 华声在线．母亲溺死13岁脑瘫儿丈夫求情人伦惨剧为何频发？[N/OL]．（2011-05-19）[2019-06-30]．http：//news.163.com/11/0519/08/74DEAF8P00014AEE.html．

[17] 黄洪．以资产为本推行社区经济发展——香港的经验与实践[J]．江苏社会科学，2005（2）：227-231．

[18] 黄琢嵩，郑丽珍．发展性社会工作理念：与实务的激荡

[M]．台北：松慧文化，2014：13 – 14．

［19］黄琢嵩，郑丽珍．发展性社会工作：全球应用·发展对话［M］．台北：松慧文化，2017：18 – 20．

［20］HUSSAIN S．识旁遮普省目标地区女子教育之障福[M]//黄琢嵩，郑丽珍．发展性社会工作：全球应用·发展对话．台北：松慧文化，2017：261 – 396．

［21］江兰，闫洪丰，黄峥，等．残疾青少年心理康复需求研究［J］．残疾人研究，2013（4）：19 – 23．

［22］江苏省人民政府．江苏省政府办公厅关于完善困境儿童分类保障制度的意见（苏政办发〔2014〕113 号）［A/OL］．(2015 – 01 – 21)［2019 – 06 – 30］．http://www.jiangsu.gov.cn/art/2015/1/21/art_46693_2587952.html．

［23］金红磊．困境儿童福利可及性：内涵界定与制度构建［J］．江西社会科学，2021（1）：227 – 234．

［24］李美珍．推荐者序二［M］//黄琢嵩，郑丽珍．发展性社会工作：理念与实务的激荡．台北：松慧文化，2016：5．

［25］梁汕祯，洪意婷，黄思婷．运用发展性社会工作观点于早疗家长充权与亲职教育［M］//黄琢嵩，郑丽珍．发展性社会工作全球应用·发展对话．台北：松慧文化，2017：179 – 204．

［26］刘璐瑶．日本儿童福利制度对我国的启示［J］．青少年研究与实践，2018（3）：100 – 106．

［27］林胜义．儿童福利［M］．台北：五南图书出版有限公司，2002：213．

［28］陆德泉．社会发展视角探索社会工作的本土化策略——以南非建构发展性社会工作体系的路径为例［J］．中国农业大学学报（社会科学版），2017（3）：35 – 45．

［29］陆德泉，向荣．中国发展性社会工作的探索：云大社会工作研究所与连心社区照顾中心的行动研究实践［M］//黄琢嵩，

郑丽珍. 发展性社会工作理念与实务的激荡. 台北：松慧文化，2017：237-253.

[30] 陆士桢，王蕾. 谈我国弱势儿童福利制度的发展 [J]. 广东工业大学学报（社会科学版），2013，13（2）：14-20.

[31] 罗秀华. 本土社会工作的发展取径 [M]. 台北：松慧文化，2017.

[32] MIDGLEY J, CONLEY A. 社会工作与社会发展：发展性社会工作的理念与技术 [M]. 罗秀华，译. 台北：松慧文化，2012：7-8, 15-22.

[33] 民政部. 民政部关于开展适度普惠型儿童福利制度建设试点工作的通知（民函〔2013〕206号）[A/OL]. (2013-06-15) [2019-06-30]. http://www.mca.gov.cn/article/xw/tzgg/201306/20130615478862.shtml.

[34] 民政部. 关于进一步开展适度普惠型儿童福利制度建设试点工作的通知（民函〔2014〕105号）[A/OL]. (2015-10-21) [2019-06-30]. http://www.np.gov.cn/cms/html/npszf/2015-10-21/1418911280.html.

[35] 民政部. 民政部关于开展第二批全国未成年人社会保护试点工作的通知（民函〔2014〕240号）[A/OL]. (2015-01-10) [2019-06-30]. http://www.gdmz.gov.cn/gdmz/lljzf/201501/fdbd8973a8cb41629c406cb556d4725b.shtml.

[36] 民政部. 民政部设立未成年人（留守儿童）保护处 [N/OL]. (2016-02-27) [2019-06-30]. http://www.gov.cn/xinwen/2016-02/27/content_5046905.htm.

[37] 民政部. 关于进一步健全农村留守儿童和困境儿童关爱服务体系的意见（民发〔2019〕34号）[A/OL]. (2019-05-27) [2021-06-30]. http://www.mca.gov.cn/article/gk/wj/201905/20190500017508.shtml.

[38] 台湾地区社政事务主管部门. 高风险家庭关怀辅导处遇实施计画期末评估报告 [M]. 台北: 台湾地区社政事务主管部门, 2006.

[39] 台湾地区社政事务主管部门. 推动高风险家庭关怀辅导处遇实施计划 [A/OL]. (2007-11-07) [2019-06-30]. https://www. tnmr. tn. edu. tw/df_ ufiles/066/推动高风险家庭关怀辅道处遇实施计划. pdf (2005-02-10 修正版本: https://www. sfaa. gov. tw/SFAA/Pages/ashx/File. ashx? FilePath = ~/File/Attach/29 56/File_ 165487. pdf).

[40] 钮文英. 教育研究方法与论文写作 (2版) [M]. 台北: 双叶书廊, 2015.

[41] 帕特南. 使民主运转起来 [M]. 南昌: 江西人民出版社, 2001: 199.

[42] 潘淑满. 质性研究: 理论与应用 [M]. 台北: 心理出版社, 2003.

[43] PATEL L. 南非发展性社会工作之政策与实务应用 [M]//黄琢嵩, 郑丽珍. 发展性社会工作全球应用·发展对话. 台北: 松慧文化, 2017: 23-50.

[44] 全国社会工作者职业水平考试教材编委会. 社会工作综合能力 (中级) [M]. 北京: 中国社会出版社, 2020: 119-122.

[45] 人民网. 专家谈南京饿死女童案: 应剥夺被告人监护权 [N/OL]. (2013-09-17) [2019-06-30]. http://js. people. com. cn/html/2013/09/17/256393. html.

[46] 尚晓援, 虞婕. 建构"困境儿童"的概念体系 [J]. 社会福利 (理论版), 2014 (6): 5-8, 13.

[47] 宋丽玉. 高风险家庭服务策略与处遇模式之研究: 成果报告 [R]. 台北: 台湾地区社政事务主管部门, 2006.

[48] 宋丽玉. 社会工作理论——处遇模式与案例分析 [M].

台北：洪叶文化，2017：335.

[49] 宋丽玉，施教裕. 高风险家庭服务策略与处遇模式之研究［M］. 台北：台湾地区社政事务主管部门，2005.

[50] 十堰市民政局. 关于依托社会工作站建设加快推进未成年人保护工作站建设的通知［A/OL］. (2021－09－28)［2021－10－30］. http://www.shiyan.gov.cn/xxgk/zc_67263/xxgk_tzgg/202109/t20210928_3379243.shtml.

[51] 泰州市政府."成长护航"困境儿童关爱服务项目招标公告［A/OL］. (2020－10－27)［2019－06－30］. http://czj.taizhou.gov.cn/art/2020/10/27/art_61739_2131.html.

[52] 泰州市政府办公室. 泰州市政府办公室关于印发泰州市困境儿童分类保障实施意见的通知（泰政办发〔2015〕88号）［A/OL］. (2015－08－26)［2019－06－30］. http://cqztc.taizhou.gov.cn/art/2015/8/26/art_19890_2.html.

[53] 泰州市政府办公室. 市政府办公室关于印发泰州市困境儿童分类保障和关爱服务办法的通知（泰政办发〔2020〕44号）［A/OL］. (2020－09－30)［2021－06－30］. http://zwgk.taizhou.gov.cn/art/2020/9/30/art_46291_2817434.html.

[54] 泰州市政府新闻办.《泰州市困境儿童分类保障和关爱服务办法》新闻发布会［N/OL］. (2020－11－19)［2021－10－30］. http://www.taizhou.gov.cn/art/PMI2020/11/19/art_14572_2842183.html.

[55] 陶传进，栾文敬. 我国城市贫困儿童的现状、问题及对策［J］. 北京行政学院学报，2011（3）：103－106.

[56] 陈晨. 我国孤儿心理需求状况调查——基于10省市儿童福利机构的调查数据分析［J］. 中国特殊教育，2013（11）：8－13.

[57] WRIGHT A C. 从国际视野看社会工作与社会发展：发展性社会工作策略［M］//黄琢嵩，郑丽珍. 发展性社会工作理念

与实务的激荡. 台北：松慧文化，2016：27-37.

[58] WRIGHT A C. 美国与澳大利亚之幼儿期社会投资社会保护分析［M］//黄琢嵩，郑丽珍. 发展性社会工作：全球应用・发展对话. 台北：松慧文化，2017：207-232.

[59] 吴骏. 发展性社区社会工作实务模式探析［J］. 广州：社会工作与管理，2016，16（1）：12-18.

[60] 向荣，陆德泉，陈韦帆. 发展型社会工作对深化精准扶贫的助力策略分析［J］. 贵州民族大学学报（哲学社会科学版），2018（3）：73-87.

[61] 新华网. 贵州5男孩垃圾箱内生火取暖一氧化碳中毒死亡［N/OL］. (2012-11-18)［2019-06-30］. http：//www.chinanews.com/sh/2012/11-18/4337540.shtml.

[62] 行红芳. 困境儿童分类保障制度建构路径探析［J］. 中州学刊，2014（8）：62-67.

[63] 行红芳. 从一元到多元：困境儿童福利体系的建构［J］. 郑州大学学报（哲学社会科学版），2014（5）：37-40.

[64] 谢琼. 儿童权利的实现与福利制度的完善——基于国际视角的考察［J］. 湖南社会科学，2013（1）：97-100.

[65] 许涛. 我国困境儿童救助保护法律问题研究［D］. 兰州：兰州大学，2015.

[66] 薛在兴. 流浪儿童问题研究述评［J］. 中国青年政治学院学报，2009（6）：17-22.

[67] 闫伯汉. 基于不同视角的中国农村留守儿童研究述评［J］. 学术论坛，2014（9）：129-134.

[68] 杨爽. 儿童照顾的"家庭化"与"去家庭化"——日本育儿支援政策分析与启示［J］. 社会建设，2021（2）：87-96.

[69] 扬州市民政局. 关于进一步完善困境儿童分类保障制度的实施意见（扬政民〔2018〕140号）［A/OL］. (2018-10-

18）［2019-06-30］. http：//yangzhou. gov. cn/yzszxxgk/mzhengj/202105/8adc0a09c3ca4c51993dff8a4c19cd47. shtml.

［70］扬州市民政局. 困境儿童分类保障政策解读［A/OL］.（2021-05-21）［2021-06-30］. http：//yangzhou. gov. cn/yzszxxgk/mzhengj/202105/a7e0c7e3874c4777bae5f77b78a9bf97. shtml.

［71］袁书华. 福利治理视角下农村留守儿童福利研究［D］. 济南：山东大学，2021.

［72］张长伟. 从需要满足到权利本位：受爱滋病影响儿童的职业教育问题研究［J］. 东北师大学报（哲学社会科学版），2013（1）：163-167.

［73］张素秋，张缙缪. 陪同和引导青少年划向自主人生的美丽岛屿：家扶基金会青少年服务方案建构与发展［M］//黄琢嵩，郑丽珍. 发展性社会工作理念与实务的激荡. 台北：松慧文化，2016：139-159.

［74］周皓，荣珊. 我国流动儿童研究综述［J］. 人口与经济，2011（3）：94-103.

［75］周镇忠，郭庆雯，张超. 发展性社会工作视角下服务行业外来工的需求研究基于LH儿童乐园工人的需求分析［M］//黄琢嵩，郑丽珍. 发展性社会工作：全球应用·发展对话. 台北：松慧文化，2017：445-474.

［76］中新社. 民政部：设立儿童福利司具有里程碑意义［N/OL］.（2019-01-25）［2021-06-30］. http：//www. chinanews. com/sh/2019/01-25/8739572. shtml.

二、英文文献

［77］AUBREY C, DAHL S. Children's voices：The views of vulnerable children on their service providers and the relevance of services they receive［J］. British Journal of Social Work, 2006, 36（1）：21-39.

[78] BAK M. Can developmental social welfare change an unfair world? - The South Africa experience [J]. International Social Work, 2004, 47 (1): 81 -94.

[79] CAMEY D. Implementing A Sustainable Livelihood Approach [J]. London: Department for Interactional Development, 1998: 52 -69.

[80] CHAMBERS R, CONWAY G. Sustainable rural livelihoods: practical concepts for the 21st century [M]. Brighton: Institute of Development Studies 1992: 5 -12.

[81] CHILDREN'S COMMISSIONER. The history of the Children's Commissioner for England role [N/OL]. (s. l.) [2021 -10 -30]. https://www.childrenscommissioner.gov.uk/about-us/the-childrens-commissioner-for-england/. EBERSOHN L, ELOFF I, 2006. Identifying asset - based trends in sustainable programs which support vulnerable children [J]. South African Journal of Education, 2021, 26 (3): 457 -467.

[82] GILBERT N, TERRELL P. Paul Terrell Dimensions of Social Welfare Policy (8th Edition) [M]. Boston: Pearson education, 153 -184.

[83] GRAY M. Developmental Social Work: A Strengths Praxis for Social Development [J]. Social Development Issues, 2002, 24 (1): 4 -14.

[84] LEGARD R, KEEGAN J, WARD K. In - depth Interviews [M] //RITCHIE J, LEWIS J. Qualitative Research Practice: A Guide for Social Science Students and Researchers. London: Sage, 2003: 138 -169.

[85] MIDGLEY J. Social Development: The Developmental Perspective in Social Welfare [M]. Thousand Oaks: Sage, 1995.

[86] MIDGLEY J. Social Work and Economic Development [J]. International Social Work, 1996 (39): 5 - 12.

[87] PATEL L. Social welfare and social development [M]. Cape Town: Oxford University Press, 2005.

[88] PATEL L. Social welfare and social development (2nd ed.) [M]. Cape Town: Oxford University Press, 2015.

[89] PAYNE M. Modern Social Work Theory: A Critical Introduction [M]. Basingstoke: Macmillan, 2005: 110, 156. STEVENS G D, SEID M, MISTRY R, HALFON N. Disparities in primary care for vulnerable children: The influence of multiple risk factors [J]. Health Services Research, 2006, 41 (2): 507 - 531.

[90] SATCHELL M, PATI S. Insurance gaps among vulnerable children in the United States, 1999 - 2001 [J]. Pediatrics, 2005, 116 (5): 1155 - 1161.

[91] The National Archives. Children Act 2004 [A/OL]. (S. L.) [2019 - 06 - 30]. https://www.legislation.gov.uk/ukpga/2004/31/contents.

[92] The National Archives. Children and Families Act 2014 [A/OL]. (S. L.) [2019 - 06 - 30]. https://www.legislation.gov.uk/ukpga/2014/6/contents.

[93] THOMPSON R, LINDSEY M A, ENGLISH D J, et al. The influence of family environment on mental health need and service use among vulnerable children [J]. Child Welfare, 2006, 86 (5): 57 - 74.

[94] UNITED NATIONS. World Declaration on the Survival, Protection and Development of Children [A/OL]. (1990 - 09 - 30) [2019 - 06 - 30]. http://www.un - documents.net/wsc - dec.htm.

[95] UNITED NATIONS. Plan of Action for Implementing the World Declaration on the Survival, Protection and Development of Chil-

dren in the 1990s [A/OL]. (1990 – 09 – 30) [2019 – 06 – 30]. http: //un – documents. net/wsc – plan. htm.

[96] UNITED NATIONS GENERAL ASSEMLDY. Convention on the Rights of the Child [A/OL]. (1989 – 11 – 20) [2019 – 06 – 30]. https: //www. unicef. org/child – rights – convention/convention – text.

[97] UNITED NATIONS GENERAL ASSEMLDY. A world fit for children: resolution / adopted by the General Assembly [A/OL]. (2002 – 10 – 11) [2019 – 06 – 30]. https: //digitallibrary. un. org/record/464538.

[98] UNICEF. THE STATE OF THE WORLD'S CHILDREN 2011 [A/OL]. (2011 – 11 – 01) [2019 – 06 – 30]. https: //www. unicef. org/media/84876/file/SOWC – 2011. pdf.